Hajo Funke
AfD-Masterpläne

Hajo Funke ist Professor im (Un)Ruhestand an der Freien Universität Berlin, engagiert sich im Kampf gegen rechts und für die Beendigung der aktuellen Kriege durch Verhandlungslösungen. Im VSA: Verlag erschienen von ihm zuletzt »Black Lives Matter in Deutschland. George Floyd und die Diffamierung von Achille Mbembe als Antisemit – eine Streitschrift über (post) koloniale Konflikte« (2021), »Die Höcke-AfD. Eine rechtsextreme Partei in der Zerreißprobe« (aktualisierte Ausgabe 2021), »Der Kampf um die Erinnerung. Hitlers Erlösungswahn und seine Opfer« (2019).

Hajo Funke

AfD-Masterpläne

Die rechtsextreme Partei und
die Zerstörung der Demokratie

Eine Flugschrift

VSA: Verlag Hamburg

www.vsa-verlag.de

hajofunke.wordpress.com

Ich danke Dorit Aurich und Hilde Schramm für die vertiefende Erörterung und Weiterführung des Manuskripts, Micha Brumlik, Lutz Bucklitsch, Farin Fakhari und Nina F. für fundierende Einsichten zum Thema sowie Gerd Siebecke für sein gründliches Lektorat.

Umschlagabbildung: Alice Weidel und Tino Chrupalla während einer Pressekonferenz (Foto: Kay Nietfeld/dpa/picture alliance)
Druck und Buchbindearbeiten: CPI Books GmbH, Leck
ISBN 978-3-96488-210-3

Inhalt

Einleitung

1. Die CORRECTIV-Recherche und schon frühere Masterpläne bei Björn Höcke

Am 10. Januar 2024 veröffentlichte das investigative Team CORRECTIV eine Recherche zu einem Treffen hochrangiger AfD-Politiker, Neonazis und finanzstarker Unternehmer sowie Mitglieder der Werteunion e.V., das Ende November im Potsdamer Tagungshotel Adlon stattgefunden hatte.[1] Dort propagierte der Österreicher Martin Sellner mit seinem Begriff der sogenannten Remigration die Vertreibung von Migranten einschließlich »nicht assimilierter« Staatsbürger mit Migrationshintergrund. Dazu brauche es maßgeschneiderte Gesetze.

Eingeladen hatte ein ehemaliger Zahnarzt aus Düsseldorf, Gernot Mörig, der zuvor aktiv im Heimatbund Deutscher Jugend (HDJ) war und dort zu den Allerextremsten gehört hatte. In einem weiteren Einladungsbrief schrieb dieser, es gebe ein »Gesamtkonzept, im Sinne eines Masterplans«. Diesen werde ein Redner vorstellen, den er stolz ankündigte: »kein Geringerer als Martin Sellner«. Sellner ist der österreichische Gründer der Identitären und war schon als Jugendlicher Neonazi.

Sellner beschwört wie andere Rechtsextreme die Gefahr, dass Deutsche durch sogenannte Fremde ersetzt werden sollen und damit eine tödliche Bedrohung für die Existenz des ethnischen Deutschlands entstehe. Er will die millionenfache »Rückführung«, wie sie die NPD einst und der de-facto-Chef der AfD Björn Höcke sehr viel schärfer in seinem programmatischen Gesprächsband »Nie zweimal in denselben Fluss« aus dem Jahr 2018

[1] Der vom ehemaligen Präsidenten des Bundesamts für Verfassungsschutz Hans-Georg Maaßen maßgeblich repräsentierte Verein beanspruchte für sich, den »konservativen Markenkern« der CDU und CSU zu vertreten. Inzwischen entstand daraus die Partei WerteUnion, deren Vorsitzender Maaßen ist.

propagiert. Es ist das, was Rechtsextreme und Neonazis eint: die millionenfache Vertreibung als das zentrale Ziel, wenn sie an der Macht sind. Durch »Remigration« soll die ausgemachte Bedrohung »Ob wir als Volk im Abendland noch überleben oder nicht« via Vertreibung gebannt werden.

Eine Idee ist dabei auch ein »Musterstaat« in Nordafrika. Sellner erklärt, in solch einem Gebiet könnten bis zu zwei Millionen Menschen leben. Dann habe man einen Ort, wo man Leute »hinbewegen« könne. Dort gebe es die Möglichkeit für Ausbildungen und Sport. Und alle, die sich für Geflüchtete einsetzten, könnten auch dorthin. Die zentrale Botschaft ist also: Menschen aus Deutschland sollen verdrängt werden können, wenn sie die vermeintlich falsche Hautfarbe oder Herkunft haben und aus Sicht von Sellner nicht ausreichend assimiliert sind. Auf Zweifel an der Umsetzbarkeit antwortet Sellner, man müsse einen hohen Anpassungsdruck auf die Menschen ausüben, zum Beispiel über maßgeschneiderte Gesetze. »Remigration« sei nicht auf die Schnelle zu machen, es handele sich um ein Projekt über Jahrzehnte. Ulrich Siegmund, AfD-Fraktionsvorsitzender in Sachsen-Anhalt, ergänzte: »Das Straßenbild muss sich ändern, ausländische Restaurants unter Druck gesetzt werden. Es soll in Sachsen-Anhalt ›für dieses Klientel möglichst unattraktiv sein zu leben‹. Und das kann man sehr einfach realisieren.«[2]

---

[2] Das Online-Fachmagazin MiGAZIN, das sich schwerpunktmäßig mit den Themen Integration und Migration in Deutschland auseinandersetzt, berichtet am 31.1.24: »Die AfD-Fraktion im Thüringer Landtag beantragt: ›Remigration starten‹. Die Pläne dazu wurden offenbar nicht nur in Potsdam geschmiedet, sondern auch im bayerischen Dasing. Mit dabei sollen auch AfD-Landtagsabgeordnete gewesen sein. Die Thüringer AfD-Fraktion will in einer Aktuellen Stunde im Landtag über ein umstrittenes Konzept zur Abschiebung von Menschen aus Deutschland sprechen. Sie beantragte die Aktuelle Stunde unter dem Titel ›Remigration aus Thüringen starten anstatt verteufeln‹, wie der parlamentarische Geschäftsführer der AfD-Fraktion, Torben Braga, auf Nachfrage mitteilte. Wenn Rechtsextremisten den Begriff verwenden, meinen sie in der Regel, dass eine große Zahl von Menschen ausländischer Herkunft das Land verlassen soll – auch unter Zwang. [...] Wie jetzt bekannt wurde, sollen AfD-Abgeordnete und der österreichi-

2. Neonazistische Gewalt

Eine Woche nach der Bekanntmachung des Treffens in Potsdam, am 17. Januar 2024 abends enthüllt CORRECTIV in einer beeindruckenden Bühnenfassung im Berliner Ensemble ein weiteres integrales Element der Strategie von Rechtsextremen und Neonazis: die Gewalt am Beispiel des auf dem Treffen aufgetretenen und seit über einem Jahrzehnt als gewalttätig bekannten Neonazis Mario Müller. Dieser war Mitglied der Jungen Nationaldemokraten und aktiv in der Identitärengruppe »Kontrakultur Halle«.

Auf der Website des Investigativ-Teams ist am 18. Januar 2024 nachzulesen: »Mario Müller ist Mitarbeiter im Büro eines Bundestagsabgeordneten der AfD, Jan Wenzel Schmidt. Er hat damit Zugriff auf sensible Informationen über politische Widersacher. Müller ist stramm rechts und wegen Körperverletzung vorbe-

---

sche Rechtsextremist Martin Sellner auch in Bayern über eine mögliche ›Remigration‹ von Menschen mit ausländischen Wurzeln beraten haben. Wie die ›Augsburger Allgemeine‹ berichtete, soll es am 11. November 2023 ein sogenanntes ›Vernetzungstreffen‹ der Identitären Bewegung in Dasing bei Augsburg gegeben haben. Der Verfassungsschutz habe der Zeitung den Auftritt Sellners vor AfD-Politikern bestätigt. Sellner habe als Hauptredner über eine ›Remigration‹ genannte Vertreibung von Ausländern oder Menschen mit Migrationshintergrund aus Deutschland gesprochen, schreibt die ›Augsburger Allgemeine‹ weiter. Sellner habe direkt nach der Veranstaltung in einem über das Netzwerk Telegram verbreiteten Video von mehr als 60 Teilnehmern bei dem Dasinger Treffen gesprochen. Bei dem Treffen sollen nach Informationen der ›Augsburger Allgemeinen‹ auch der unterfränkische AfD-Landtags-Abgeordnete Daniel Halemba und der Neu-Ulmer AfD-Landtags-Abgeordnete Franz Schmid teilgenommen haben. Die beiden Politiker seien auf in sozialen Netzwerken verbreiteten Fotos vom sogenannten ›Vernetzungstreffen‹ in einer Dasinger Gastwirtschaft eindeutig zu identifizieren. Gegen Halemba laufen Ermittlungen wegen Volksverhetzung, zwischenzeitlich war er deshalb per Haftbefehl gesucht und verhaftet worden und konnte nicht an der konstituierenden Sitzung des bayerischen Landtags im Oktober teilnehmen. Schmid war Mitte Januar im mittelfränkischen Greding in einer Diskothek, wo ausländerfeindliche Parolen gegrölt wurden. Halemba weist die Vorwürfe wegen Volksverhetzung zurück. Schmid sagte, dass er selbst keine rassistischen Parolen skandiert habe.« (dpa/epd/mig) straft. Er war einer von denen, die sich im vergangenen November zum Geheimtreffen in der Villa Adlon trafen. Was er bei dem Treffen unseren Quellen zufolge von sich gab (auf unsere Fragen hin bestreitet er diese Aussagen jetzt im Nachhinein), wollten wir gesondert veröffentlichen – weil es sonst vielleicht in unserem ersten Text untergegangen wäre. [...] Vor seinen ihm offenbar zugeneigten Zuhörern in der Villa Adlon machte er deutlich, wer für ihn politische Gegner sind: linke Aktivisten, aber auch Politikerinnen und Politiker, Journalisten. Dann erklärte er, wie man diese Widersacher wirksam bekämpfen könne: persönliche Informationen über sie sammeln und öffentlich machen, so dass sie zum Beispiel in der rechten Szene bekannt sind. [...] Er brüstete sich damit, im November 2021 einen Aussteiger aus der Antifa-Szene ausfindig gemacht zu haben, der in Polen ein neues Leben beginnen wollte. Er habe polnische Hooligans auf den Mann aufmerksam gemacht und die hätten ihn ›sportlich konfrontiert‹. Also angegriffen. Das Ergebnis präsentierte Müller beim Geheimtreffen stolz als seinen Verdienst: Das Opfer habe als Folge beim Prozess gegen die linke Gewalttäterin Lina E. als Kronzeuge ausgesagt. Müller schlug vor, so etwas könne man – auch mit Hilfe seiner Zugänge – doch häufiger machen. Und er behauptete, bereits einen Denunziations-Kanal auf der Plattform X für genau solche Zwecke zu betreiben. Auch diese Aussage bestreitet er jetzt im Nachhinein.«

3. Massenmobilisierung gegen Rechtsextremismus und die Reaktionen aus der AfD

Innerhalb nur weniger Tage nach Bekanntwerden der CORRECTIV-Recherche hat es bundesweit Demonstrationen von inzwischen mehr als drei Millionen Menschen – und keineswegs nur Migrantinnen und Migranten – gegeben. Und zwar nicht nur in Großstädten wie Berlin und Hamburg (hier gab es inzwischen bereits drei Demonstrationen mit nahezu oder gar mehr als 100.000 Teilnehmenden), sondern auch in kleineren Städten und Gemeinden. Zudem hatten in weniger als einer Woche eine Million Menschen einen Aufruf unterzeichnet, Björn Höcke die Grundrechte zu entziehen, auch wenn die Aussichten dafür gering sind.

Alle AfD-Fraktionsvorsitzenden in den ostdeutschen Ländern verteidigten die massenhafte Abschiebung und Aussiedlung von Zuwanderern und Ausreisepflichtigen. Remigration sei nicht verboten oder anstößig, sondern im nationalen Interesse, Deutschland müsse wieder deutscher werden.

Die AfD-Führung wiederum versuchte, sich von dem Treffen in Potsdam zu distanzieren und zugleich zum Angriff überzugehen.[3] Die rechte Hand der Ko-Vorsitzenden Alice Weidel, Roland Hartwig, beteiligt am Treffen in Potsdam, hatte sich zunächst herausgeredet, wie die Süddeutsche Zeitung am 17.1.2024 berichtet: »Er habe im Vorfeld nicht gewusst, dass der bekannte österreichische Rechtsextremist Martin Sellner zu dem Treffen erscheinen werde. In einem Einladungsschreiben zu der Zusammenkunft, dass die SZ einsehen konnte, heißt es allerdings, dass Sellner das Treffen mit einem Vortrag eröffnen werde. Hartwig habe (dann) eingeräumt, dass er bereits kurz vor dem Treffen von der Teilnahme Sellners wusste, dadurch sei das Vertrauensverhältnis zwischen Weidel und ihm beschädigt, hieß es aus Kreisen des AfD-Bundesvorstands«.[4] Die Zeitung kommentier-

---

[3] »Der Parlamentarische Geschäftsführer der AfD-Bundestagsfraktion, Bernd Baumann, versuchte am Dienstag, den Vorfall in Potsdam herunterzuspielen. Es gehe um ›einzelne Leute, die da privat hingegangen sind‹, sagte er, es handele sich um einen Gesprächskreis, von denen es ›Tausende gibt in der Republik‹. Eine Distanzierung vom Rechtsextremisten Sellner, einem der führenden Köpfe der sogenannten Identitären Bewegung, vermied er. ›Von wem soll ich mich distanzieren, wer ist Herr Sellner?‹, fragte Baumann. Die Reaktion auf das Treffen in Potsdam sei völlig übertrieben.« (Süddeutsche Zeitung vom 16.1.2024)

[4] Die Süddeutsche Zeitung schreibt ebenfalls am 16.1.2024 über diesen: »Der ehemalige Bundestagsabgeordnete Hartwig hatte bis Ende 2020 eine Arbeitsgruppe in der AfD geleitet, welche die Parteimitglieder zur Mäßigung anhalten sollte, um dem Verfassungsschutz keine Angriffsfläche zu bieten. In den von ihm federführend erarbeiteten Handreichungen heißt es: ›Verfassungsfeindliche Äußerungen und Verhaltensweisen haben in der AfD bekannter-

te überzeugend, es spreche alles dafür, dass er erwischt wurde. »Darauf deutet manches hin: die knappe Bekanntgabe, dass sich die Partei nun von diesem Mitarbeiter der Vorsitzenden Alice Weidel trennt, ohne jede Begründung. Ferner eine Klarstellung der AfD zu dem Treffen vor einigen Tagen, in der sie sich jede Distanzierung dazu ersparte. Oder auch der fröhliche Tweet ihres arbeits- und sozialpolitischen Sprechers im Bundestag zu den Vertreibungen, die in Potsdam diskutiert worden waren: ›Das ist kein Geheimplan. Das ist ein Versprechen.‹ Von Sanktionen gegen den Mann ist nichts bekannt. Wenige Tage später sprach der bayerische AfD-Vize auf dem Landesparteitag davon, den Karnickeln in den Parlamenten den verdienten Nackenschlag zu versetzen – er wurde wiedergewählt. Wer zweideutig über den Bolzenschuss für politische Gegner fantasiert, der hat ›Werte‹, die mit denen des Grundgesetzes nichts gemein haben. Die gegenteilige Behauptung der AfD ist nur Masche.«[5]

Das neue Portal des als Chef der BILD-Zeitung geschassten Julian Reichelt, Nius, sowie die Junge Freiheit versuchten zu verharmlosen. Es sei alles nicht so gewesen, ein ganz normales privates Treffen – das hätten auch die Interviews mit den Beteiligten ergeben. Man habe Remigration so diskutiert, wie die Ampelkoalition ihre Beschlüsse zu einer Verschärfung der Asylpolitik formuliert hätte. Es gebe de facto keinen Unterschied. Von millionenfacher Vertreibung sei nicht die Rede gewesen. Dabei sparte man systematisch die Hauptakteure Sellner und Mario Müller mit ihren brutalen und rassistischen Äußerungen aus.

Mit einer Verzögerung von sechs Tagen hat der AfD-Bundesvorstand, hier konkret Alice Weidel, reagiert und sie hat ihre rechte Hand Berger entlassen müssen, nachdem vergeblich versucht worden war, von rechten Medien wie der Jungen Freiheit

maßen keinen Platz.‹ Ende 2020 wurde Hartwig vom AfD-Bundesvorstand als Leiter der Arbeitsgruppe abgesetzt, weil er sich gegen den Rauswurf des äußerst rechten früheren Brandenburger AfD-Landes- und Fraktionschefs Andreas Kalbitz ausgesprochen hatte.«

[5] Süddeutsche Zeitung vom 16.1.2024: »Diese Entlassung ist nur Show.«

das Ganze als normalen öffentlichen Austausch zu bagatellisieren und so zu tun, als würden bestimmte problematische restriktive Maßnahmen der Regierung in Sachen Migration ihrer Strategie zum Verwechseln ähnlich sein.

In der Aktuellen Stunde des Bundestags am 18. Januar 2024 haben sich alle Redner mit Ausnahme der AfD an die Seite ihrer Nachbarn, Freundinnen und Freunde gestellt, die von der AfD bedroht werden. Dies geschah selbst von Vertretern der Union in einer Entschiedenheit, die man seit Jahren nicht mehr so erlebt hat. Es sprachen u.a. Martina Renner (Die Linke), Britta Haßelmann (Grüne), Lars Klingbeil (SPD), Konstantin Kuhle (FDP), Dirk Wiese (SPD) und Philipp Amthor (CDU). Konstantin von Notz (Grüne) fragte die abwesende Alice Weidel, wenn das ein normales Treffen war, warum dann die begründungslose Entlassung ihrer rechten Hand erfolgt sei. Er verwies darauf, dass dort nichts weniger als eine totalitäre Strategie vorgetragen wurde.

In der eineinhalbstündigen, auf diesen Abend vorgezogenen Dokumentation der ARD »Wir waren in der AfD – Aussteiger berichten«, erzählen Aussteiger, wie sie begeistert zur AfD gestoßen waren und in einem schmerzlichen und langen Prozess sich schließlich haben entschließen müssen, sie zu verlassen. Wir sehen einen Jörg Meuthen, eingetreten 2013, der angeblich schon lange vor seinem Austritt 2022 geschwankt hatte und doch immer wieder weitermachte, bis ihm alles zu rechtsextrem und rassistisch wurde. Wir sehen einen jungen Sportler, der sich wegen des eindeutig konservativen Charakters für die AfD begeistert hatte und sehen musste, wie die anderen, die immer mehr wurden, bereit waren, brutal gegen seine Fußballfreunde, wenn sie aus der Türkei kamen, vorzugehen. Und wir sehen Franziska Schreiber aus Dresden, die »schockverliebt« die rechte Hand von Frauke Petry wurde und 2017 Björn Höcke sah, wie der im Gasthaus Watzke das Holocaust-Mahnmal für eine Schande Deutschlands erklärte und sie nur schockiert, betrübt, verwirrt war, ehe sie dann sehr entschieden 2018 die AfD verließ. Die Dokumentation belegt eindrücklich, dass spätestens 2017 klar war, dass der rechtsextrem-völkische Flügel sich durchgesetzt hatte und in den folgenden Jahren Parteitag für Parteitag immer mehr die Macht in der AfD an sich riss.

4. Zur Intention dieser Flugschrift

Masterpläne zur Verbringung von Millionen (!) Asiaten und Afrikanern zirkulieren seit Langem in der AfD. Höcke forderte dies ausdrücklich bereits in seiner 2018 veröffentlichten Kampfschrift »Nie zweimal in denselben Fluss«. Seit Mitte letzten Jahres aber, ungefähr ab dem Zeitpunkt, an dem ein rapider Anstieg potenzieller Wählerinnen und Wähler sichtbar wurde, machte die AfD dies zu einer konkreten Machtstrategie. Die teils verdeckte, teils direkte Mobilisierung für eine solche Umsturzstrategie geschah mit Blick auf die Landtagswahlen in Sachsen, Thüringen und Brandenburg im Jahr 2024. Ideologisch und strategisch untermauert durch weitere Kampfschriften: von Martin Sellner »Regime Change von rechts. Eine strategische Skizze« und von Maximilian Krah, einem ehemaligen CDUler, der Ende 2023 zum Spitzenkandidaten für die Europawahlen gewählt wurde, »Politik von rechts. Ein Manifest«. Alles in mehrfachen Auflagen verlegt von Götz Kubitschek, dem Alter Ego Björn Höckes, im Verlag Antaios. Sellners und Krahs Machwerke bietet er inzwischen als Paket zu einem Sonderpreis an. Ich werde zeigen, dass das kein Zufall ist.

Die Bereitschaft zur Mobilisierung ist in immer stärkerer Dosierung innerhalb der letzten zehn Jahre gewachsen, nicht zuletzt durch die Organisierung im sogenannten Flügel um Höcke, Alexander Gauland und lange Zeit Andreas Kalbitz[6] sowie Kubitschek. Im Rhythmus der Parteitage ist die Radikalisierung der AfD vorangetrieben worden. Dies hat dazu geführt, dass immer wieder leitende Funktionäre ausgeschaltet wurden oder

[6] Andreas Kalbitz gehört zu den wenigen, die vor geraumer Zeit vom Bundesvorstand aus der Partei ausgeschlossen worden sind. Dennoch ist er nach wie vor gerade in Brandenburg hoch einflussreich.

selbst erschrocken das Handtuch geworfen haben, so unter anderem Bernd Lucke, Frauke Petry und zuletzt auch der langjährige Vorsitzende Jörg Meuthen.

Nun betreibt das Machtzentrum dieser Partei um Höcke das erste Mal den *Kampf um die Macht in den drei anstehenden ostdeutschen Landtagswahlen*. Vor dem Hintergrund autoritärer radikalnationalistischer Traditionen sollen die Chancen der AfD skizziert und die Reichweite einer Gegenmobilisierung der Zivilgesellschaft diskutiert werden.

Welchen Anteil die *Schwächen der etablierten demokratischen Parteien* am so rasanten Anstieg der Wählerschaft der AfD hat, wird ebenfalls untersucht. Und damit auch die Frage, wie die Chancen stehen, Menschen zurückzuholen, die sich von den demokratischen Parteien abgewandt haben. Der breite *zivilgesellschaftliche Protest* macht Mut, vor allem, wenn es gelingt, ihn zu verstetigen. Beispiele auf kommunaler Ebene wie das »Weltoffene Thüringen« und der Erfolg im thüringischen Nordhausen gegen den AfD-Kandidaten zeigen, dass die Demokratie vor Ort lebendig und wirksam gestärkt werden kann. Notwendig ist zudem ein noch stärkerer *Druck der Zivilgesellschaft auf die demokratischen Parteien*, damit eine wirkliche Brandmauer errichtet werden kann und zugleich effektive Strategien entwickelt werden, um der Revolutionsstrategie der Rechtsextremen wirksam entgegenzutreten.

Erster Teil: Die AfD-Masterpläne

1. Björn Höckes »Wohltemperierte Grausamkeit« (2018) nach dem »vollständigen Sieg« der braunen Revolution

Martin Sellner hatte beim Treffen von Potsdam seinen großen Auftritt, als er – wie andere vor ihm – die Vertreibung von ethnisch Nichtdeutschen als Teil seiner Revolutionsstrategie ausbuchstabierte. Das hatte er bereits in seinem Buch aus dem Jahr 2023 »Regime Change von rechts. Eine strategische Skizze« entwickelt. Er und Maximilian Krah in »Politik von rechts. Ein Manifest« nehmen in fast identischen Worten auf, was Höcke vor ihnen formuliert hatte: die millionenfache Rückführung von Asiaten und Afrikanern aus Deutschland als strategisches Kernziel, wenn er in Thüringen an der Macht wäre und mit diesem Jahrzehnte-Projekt beginnen könnte.

Höcke ist der wahre Chef der AfD und in Thüringen der unumstrittene Stratege innerhalb der rechtesten und geschlossensten Formation innerhalb der AfD. Er strebt die Macht im Frühherbst 2024 an und kann erfolgreich sein. Bereits im Jahr 2018 (!) hatte Höcke seine Rückführungsvorstellung von Millionen Asiaten und Afrikanern propagiert. Es ist in seiner Umsturzstrategie der entscheidende strategische Begriff, denn ohne diese Vertreibung könne es kein »völkisches, ethnisch reines Deutschland« geben.

Dies aber kann nur geschehen, wenn er mit der AfD einen »vollständigen Sieg« erringt: »Ich weise euch einen langen und entbehrungsreichen Weg, ich weise dieser Partei einen langen und entbehrungsreichen Weg, aber ist der einzige Weg, der zu einem vollständigen Sieg führt, und dieses Land braucht einen vollständigen Sieg der AfD.« So Höcke in seiner Dresdner Rede vom 17. Januar 2017. Damit erhebt er einen totalen Führer-Anspruch und den Anspruch auf eine AfD, die die Macht übernehmen muss, und falls dies nicht erfolge, würden Chaos und eine gewaltsame Machtergreifung folgen.

Nirgends ist die ausdrückliche *Gewaltprogrammatik* so eindeutig wie in seinem Gesprächsband mit Sebastian Hennig »Nie zweimal in denselben Fluss« (2018)[7] dargelegt.[8] Auf Seite 254 antwortet er auf die Frage zu Maßnahmen im Rahmen einer Rückführung angeblich nicht integrierbarer Migranten: »Ja, neben dem Schutz unserer nationalen und europäischen Außengrenzen wird ein groß angelegtes Remigrationsprojekt notwendig sein.« Er will alle »kulturfremden« Menschen und damit Millionen Bürger aus dem Land verbannen. Geschähe dies beispielsweise in einem Berliner Stadtteil, wären es zigtausende Bürger, die es auszukämmen gelte. Man werde in diesem Prozess auch Volksteile verlieren, die entweder zu schwach oder nicht willens sind, mitzumachen. Damit formuliert Höcke nichts anderes als ein Programm ethnischer und politischer Säuberung. »Und bei dem wird man« – heißt es bei Höcke weiter – »so fürchte ich, nicht um eine Politik der ›wohltemperierten Grausamkeit‹ herumkommen. Das heißt, dass sich menschliche Härten und unschöne Szenen nicht immer vermeiden lassen werden.« (255)

Höcke rechnet bewusst Spaltungen und Ausschlüsse in diesem fundamentalen Kampf um eine neue Republik ein. Am Ende würden »genug Angehörige unseres Volkes vorhanden sein, mit denen wir ein neues Kapitel unserer Geschichte aufschlagen können. Auch wenn wir leider ein paar Volksteile verlieren werden, die zu schwach oder nicht willens sind, sich der fortschreitenden Afrikanisierung, Orientalisierung und Islamisierung zu widerset-

---

[7] Seitenzahlen in Klammern ohne weiteren Nachweis im Folgenden nach diesem Band. Der Buchtitel zitiert einen Ausspruch von Heraklit, der wiederum in einem Text von Plutarch überliefert ist: »Es ist unmöglich, zweimal in denselben Fluss hineinzusteigen, so Heraklit. [Der Fluss] zerstreut und bringt wieder zusammen […] und geht heran und geht fort.« Zit. nach: Die Vorsokratiker. Griechisch/Deutsch. Ausgewählt, übersetzt und erläutert von Jaap Mansfeld und Oliver Primavesi. Durchges. Stuttgart 2012. S. 281.

[8] Ab hier ist in diesem Kapitel der Text leicht verändert meiner Flugschrift »Die Höcke-AfD« (2021) entnommen.

zen. Aber abgesehen von diesem möglichen Aderlass (!) haben wir Deutschen in der Geschichte nach dramatischen Niedergängen eine außergewöhnliche Innovationskraft gezeigt. Denken Sie an den 30-jährigen Krieg oder den Zusammenbruch 1945.« (257) Noch verzerrter geschichtsphilosophisch wird der Duktus, wenn Höcke das ganze von ihm gezeichnete Szenario als Ausdruck des Austobens der Moderne begreift, dem eine Nachmoderne gegenübergestellt wird (258).

Das ist eine Sprache, die nicht nur ein verfassungsfeindliches Projekt fordert, wenn die Macht erlangt ist, sondern dieses Projekt gleichzeitig mit überschießender Grausamkeit durchsetzen will, d.h. mit einem Zuschuss an subjektiver – man muss wohl sagen – sadistisch-genüsslicher Entschiedenheit. Es geht Höcke in anderen Worten um eine *ethnisch reine* Nation; nur in ihr kann es die »Identität« geben, die nicht durch *»Durchmischung«* und *»bunte Vielfalt«* getrübt ist.[9]

Die Rede von der »wohltemperierten Grausamkeit« ist kein Zufall. Einen nationalistisch entfesselten Höcke lesen wir bereits im Kapitel »Volksopposition gegen das Establishment« des Buches (185–255), das mit dem abschließenden Kapitel »Krise und Renovation« (man kann auch Revolution schreiben) (257–291) noch überboten wird. Der Interviewer gibt die Zuspitzung gleich vor, wenn er erklärt, dass die Masseneinwanderung nichteuropäischer Völkerschaften und der Niedergang des Gemeinwesens Land und Volk in eine existenzielle Krise treibe. Höcke warnt: »Wenn wir die gewaltsame Transformation des hergebrachten Nationalstaats in eine multikulturelle Zuwanderungsgesellschaft nicht bald stoppen, droht uns in Deutschland und Europa tatsächlich eine kulturelle Kernschmelze« (185) – also Explosion, Untergang und Zerstörung in einem. Hier herrscht ein besonders ausgeprägter Ton nationalrevolutionärer Entschiedenheit: gegen die Republik, gegen ihre vermeintlichen massiven Rechtsbrüche,

[9] Zitiert nach FAZ, 15.5.2018; www.faz.net/aktuell/politik/inland/afd-politiker-bjoern-hoecke-stellt-positionspapier-zu-leitkultur-vor-15591221.html.

gegen die »Massenansiedlung« und die »Islamisierung«, die gegen den Mehrheitswillen der Deutschen vollzogen werde. Während den Zuwanderern »das Recht auf eigene Entfaltung und Interessenwahrnehmung zugestanden« werde, würde es »den einheimischen Deutschen sogar bestritten« (187). Gegen die drohende Selbstauflösung der Deutschen und den »Missbrauch unserer Humanität und Hilfsbereitschaft« sei eine »umgedrehte mephistophelische Kraft« (190) nötig, die auch »gegen die schier unerträgliche Arroganz der bundesdeutschen Politikerkaste« (193), mit der ihre Mitglieder »gegen alle Staaten giften, die sich der eigenen Auflösung verweigern«, beschworen wird (ebd.).

Die Kräfte des Volkes seien gegen die Globalisierung (249), vor allem aber gegen den von Höcke behaupteten »Volkstod« durch den »großen Austausch« zu mobilisieren. Der angebliche »Schuldkult« diene dem Ziel, die Widerstandskräfte des deutschen Volkes gegen seine Zerstörung zu schwächen:[10] Die Legitimität jeglichen Widerstands gegen eine wahnwitzige Politik (der Einwanderung) werde »uns Deutschen« mit dem Verweis auf unsere historische Schuld abgesprochen (69). Man werde in den folgenden 20 bis 30 Jahren in Europa von Bürgerkriegen heimgesucht, die den Endzeiten der römischen Republik gleichen würden (203ff.). Dem sei der legendäre »Furor teutonicus« entgegenzusetzen, »vor dem die alten Römer schon gezittert« hätten (212). Höcke ruft zugleich »den Freiheitskampf Arminius' gegen das römische Imperium«, »das Ringen der Stauferkaiser gegen die weltlichen Anmaßungen der Päpste, den Bauernaufstand im 16. Jahrhundert, die Befreiungskriege gegen Napoleon, den patriotischen Widerstand gegen Hitler« und »die Bürgerproteste gegen die Einwanderungspolitik« auf: Es gebe die »Widerstandskraft« der wirklichen »Patrioten« (214).

---

[10] Vgl. Quent (2019: 47), der Höcke (aus einem Gespräch mit Götz Kubitschek für Sezession online vom 8.3.2019) zitiert: »Wir sollten uns in Zeiten der Krise und des Niedergangs vor einem falschen Konservativismus hüten, der sich an Institutionen klammert, die längst selber an der Zerstörung unseres Landes und seiner Bestände mitwirken.«

Die »schuldbeladenen, dekadenten und selbstbehauptungsunfähigen Westeuropäer« seien dafür verantwortlich, dass »künftige Völker durch unsere verödeten Rathäuser, Bahnhöfe, Museen, Theater und Schwimmhallen gehen und darüber staunen, wie eine so mächtige, geistreiche und wohlhabende Gesellschaft daraus hinweggewischt wurde« (194). Das ist nichts anderes als die Beschwörung einer Politik des »Volkstods« durch Bevölkerungsaustausch und macht die Verhinderung der drohenden Islamisierung Deutschlands und Europas sowie die Rückführung der als nicht integrierbar dargestellten Migranten (195) zur zentralen politischen Aufgabe. Mit dem dekadenten westlichen Lebensstil habe man sich selbst entfremdet, seine eigene Identität aufgegeben und sei nicht nur »zu schwach, das Fremde abzuweisen, sondern auch, es in unser Eigenes zu integrieren« (199). Man habe »die eigenen Kulturen und religiösen Traditionen vergessen, »und nun solle der »aufgeblasene Werteschaum [...] nur noch das tiefe Loch verlorener Identität zudecken« (199).

Längst handele es sich um eine »invasive« Zuwanderung. Man erlebe die Verdrängung der europäischen und deutschen Kultur »durch Islamisierung, Orientalisierung und Afrikanisierung« (200). Das Ganze resultiere aus einem »europäischen Universalismus und Kosmopolitismus« in Verbindung mit einem »tiefsitzenden Schuldkomplex«, der sich zu einer »Ideologie der Selbstaufgabe extremisiert« habe (201) – für Höcke »etablierter Nihilismus«: »Wer nichts ist und nichts hat, kann auch nichts verlieren« (202). Sarkastisch höhnt er: »Dieses Sein wird jetzt von den Globalisten neu definiert: Wir sollen abstrakte, reine Menschen werden, ausgestattet mit universalen Menschenrechten – möglichst ohne Verschmutzung durch irgendeine Volkszugehörigkeit und nationale Traditionen. [...] Eine ethnische Säuberung der ganz besonderen Art!«

Höcke, der abwertend von einem »Reinheitswahn« spricht, kehrt damit die Kritik an seiner Vorstellung von ethnisch rassischer Reinheit um und unterstellt, dass die auch im Grundgesetz formulierte Menschenrechtstradition schön und edel klinge und zu nichts verpflichte – ganz gegen die Realitäten des Einsatzes von Menschen- und Bürgerrechten gegen rassistische Gewalt und Überwältigung. Eine zynischere Abwertung der universalen Menschenrechte ist sprachlich kaum vorstellbar.

Höcke hadert mit der liberalen Demokratie und will ein anderes Deutschland schaffen. Seine Kritik an der angeblichen Verflachung und Dekadenz, den Auflösungserscheinungen und Krisen, den »Schutthalden der Moderne« steht in der Denktradition des Kulturpessimismus. Er beklagt den rationalen Zugriff der Moderne auf die Welt und plädiert für ihre Wiederverzauberung (163). Das erfordere die Rückkehr zu einem mythischen Denken, in dem Begriffe wie Zauber, Staunen, Geheimnisvolles und Rätselhaftes wieder zu ihrem Recht kommen. Damit stellt er sich in eine antirationale Tradition, die von der Existenzphilosophie Martin Heideggers bis zu Carl Schmitt und dessen Staatslehre reicht. Auf diese Weise soll Politik wieder Autorität verliehen werden. Trotz aller Rationalisierung in der Moderne habe der Logos den Mythos nicht verdrängen können. »Wir« sollten Mythen ganz praktisch als mögliche Kraftquellen und Orientierungshilfen ansehen, die uns auch in schlechten Zeiten Hoffnung und Zuversicht spenden – man denke nur an den »Kyffhäusermythos der Deutschen« (159).

Diese Mythen hätten eine belebende und identitätsstiftende Wirkung auf Menschen und Völker. Höcke geht es um eine Überwindung der Moderne zugunsten eines mythisch vorgestellten gereinigten, deutschen Volkes, eines Volkes als Gemeinschaft, »deren Angehörige in einer schicksalhaften, generationsübergreifenden Verbindung stehen« (70). Es gelte, dieses Schicksal des Volkes bereitwillig anzunehmen. Man werde dann Teil eines größeren, historisch tief gelagerten Ganzen sein. Als Teil einer Gemeinschaft, wie etwa als Angehöriger eines Volkes, kann jeder Einzelne zu einem wichtigen Glied einer langen historischen Kette werden (31). Es ist offenkundig: Björn Höcke hat jede Menge NS-Ideologie aufgewärmt.

Die Ordnung des Politischen schließt die Unterordnung des Einzelnen unter die Volksgemeinschaft ein. Es gehe um die Bewahrung der völkischen Schicksalsgemeinschaft und mit ihr um die Blutsbande der »Volksgemeinschaft«. Loyalität funktioniere vor allem durch »blutsmäßige« Verbindung: »Wenn beispielsweise die eigenen Kinder nicht so gut geraten wären wie die der Nachbarsfamilie, so bliebe man ihnen doch liebevoll verbunden und würde sie nicht gegen andere, ›bessere‹ austauschen.« (125) Demgegenüber erklärt Höcke die Werte der Aufklärung, des Liberalismus und des Universalismus zu einem Gift für die Volksgemeinschaft. Für die Werte der Grundrechte und eines Verfassungspatriotismus hat er nur Spott übrig (ebd.).

Die Beschwörung von Verfall, Dekadenz und Untergang wird der zerstörerischen Kraft der »Ochlokratie« (Pöbelherrschaft) zugeschrieben, aus der es nur den Ausweg eines Alleinherrschers gebe (226f.), eines »uomo virtuoso« nach Machiavelli, »der nur als alleiniger Inhaber der Staatsmacht ein zerrüttetes Gemeinwesen wieder in Ordnung bringen könne« (286). Auf die Frage des Interviewers, ob er sich eher in der Rolle des Rebellen oder in der eines politischen Gestalters sehe, erklärt Höcke: »Das schöpferische Gestalten und Formen eines Gemeinwesens zum Wohle seiner Bürger bewegt in mir viel mehr positive Energie als das katechontische [aufhaltende] Stemmen gegen eine nationale Apokalypse.« (287)

Der nationalrevolutionäre Impuls erfordere entsprechende Strategien vor allem im Staats- und Sicherheitsapparat (232f.), ein konsequentes Durchregieren (234) und ein Sensorium für die »volonté générale«, notfalls auch gegen die aktuellen öffentlichen Befindlichkeiten, um »für das Volk die richtigen Entscheidungen« zu treffen, nicht selbstherrlich autokratische, sondern solche im dienenden Sinne (!) (236), und zwar zur Wiederherstellung der inneren Einheit.

Es brauche »einen vollständigen Politikwechsel« mit den »systemkritischen Teilen« aller politischen Lager und Parteien, auch durch »neue Querfronten« (238), also quer zu den Lagern der Rechten und der Linken – mit anderen Worten eine Widerstandskoalition nicht zuletzt aus den Mittelschichten des Bürgertums (239). Um die entsprechenden Bündnisstrukturen zu entwickeln, brauche es eine patriotische und dezidiert soziale Position, einen

»solidarischen Patriotismus« (246),[11] also eine nationalistisch-soziale politische Perspektive.

In wirtschaftspolitischer Hinsicht fordert Höcke eine »organische Entwicklung« Europas und Deutschlands. In einem Interview mit der *Thüringer Allgemeinen* vom 21.7.2014 erklärte er: »Aber ich für meine Person sehe, dass der internationale Finanzkapitalismus, so wie er sich im Augenblick verhält, keine Zukunft hat. Ich bin für eine organische Marktwirtschaft.« Der Begriff der »organischen Marktwirtschaft« stammt aus der Zeit des Nationalsozialismus (vgl. Kemper 2016). Die Diagnose der Dekadenz und Degeneriertheit gilt Höcke zufolge für die Marktwirtschaft und den »zinsbasierten Kapitalismus« (ein antisemitischer Code) ebenso wie für die demokratische »Umerziehung« oder andere »Gesellschaftsexperimente«. Die Volkswirtschaft müsse vom zinsbasierten Globalisierungstotalitarismus befreit und national organisch ausgerichtet werden.[12]

Mit dem Rückzug der »wirklichen« Patrioten in die gallischen Dörfer werde man eine »Auffangstellung« und »neue Keimzelle des Volkes« betreiben können und hieraus eine »Ausfallstellung« entwickeln, von der eine Rückeroberung ihren Ausgang nehme. In die Geschichte von Asterix und Obelix gekleidet ist dies nichts anderes als eine Widerstandsstrategie, die einen Bürgerkrieg in Kauf nimmt (vgl. 253). Aber selbst ohne diese entfesselte Bürgerkriegsstrategie stünden im Falle der totalen Niederlage harte Zeiten bevor, »denn umso länger ein Patient die drängende Ope-

[11] Die Entsprechung bzw. Weiterentwicklung findet sich in dem Band »Solidarischer Patriotismus« (Kaiser 2020).

[12] Unter dem Pseudonym »Landolf Ladig« hatte Höcke bereits Jahre zuvor neonazistische Texte verfasst, in denen er dafür warb, nationalsozialistische Wirtschaftspolitik auf rassenbiologischer Grundlage wiedereinzuführen (vgl. Kemper 2016). Dieses Gesellschafts- und Politikkonzept einer »organischen Nation« ist – darauf hat schon der inzwischen aus der AfD ausgetretene ehemalige neoliberale Teil um Hans-Olaf Henkel und Bernd Lucke mit seiner Warnung vor dem völkischen Nationalismus hingewiesen – ein fundamentales Gegenkonzept zum Zustand und Selbstverständnis der rechtsstaatlich verfassten Demokratie der Bundesrepublik Deutschland.

ration verweigert, desto härter werden zwangsläufig die erforderlichen Schnitte werden, wenn sonst nichts mehr hilft« (254). Vor allem eine neue (!) »politische Führung wird dann schwere moralische Spannungen auszuhalten haben: sie ist den Interessen der autochthonen Bevölkerung verpflichtet und muss aller Voraussicht nach Maßnahmen ergreifen, die ihrem eigentlichen moralischen Empfinden zuwiderlaufen«.

Man brauche eine klare Orientierung, die Unterscheidung nach Freund und Feind im Sinne des politischen Begriffs von Carl Schmitt als Kern von Volk und Nationalstaat (273f.) und dazu eine von fremden Direktiven unabhängige Staatsführung, eine fähige Diplomatie und eine intakte Armee mit dem klaren Wählerauftrag zur Landesverteidigung. Das sichere die Souveränität des Staates und die Freiheit seiner Bürger. »Ein fremdbestimmtes, unbewaffnetes Volk ist auf Dauer ein unfreies Volk« – alles Kernelemente eines autoritär nationalistischen Staats- und Gesellschaftskonzepts (275). Dass dies nicht nur ›defensiv‹ im Sinne der Abwehr von ethnischen und religiösen Minderheiten gemeint ist, wird klar, wenn Höcke von der »Etablierung von relativ autonomen Großräumen als gangbarem Mittelweg zwischen unipolarer und multipolarer Weltordnung« spricht (282) und sich auf Carl Schmitt und sein »Interventionsverbot raumfremder Mächte« bezieht, das Höcke allerdings ergänzt wissen will um das »Investitionsverbot raumfremden Kapitals« und das »Migrationsverbot raumfremder Bevölkerungen« (283).

Schon im Sommer 2016 sprach Höcke bei einem großen Treffen am Kyffhäuserdenkmal von der Notwendigkeit einer nationalen Wendezeit und beschwor dazu einen »Furor teutonicus«: »Die Geduld unseres Volkes ist zu Ende, und schon die alten Römer wussten vom legendären Furor teutonicus zu berichten. Liebe Freunde, wir lassen uns nicht abschaffen! Wir haben diese Wende eingeleitet, wir wollen diese Wende schaffen und wir werden diese Wende schaffen!« – eine Aufstandsrhetorik (zitiert nach Zick 2016: 149). Und über den Besuch der Neofaschisten in Rom im März 2016 berichtet Ellen Kositza dann begeistert in der »Sezession«: »Die gigantische Kundgebung der Lega Nord am Wochenende in Rom war faszinierend. [...] Pathetische Bombast-Musik, dann der wuchtige Einzug der Casa-Pound-Hundertschaften von der höhergelegenen Viale Gabriele d' Annunzio auf den bereits dicht gefüllten Platz. Tosender Beifall, undenkbar dies alles in Deutschland!«

In seiner erinnerungspolitischen Rede vom 17. Januar 2017 hatte Höcke Dresden zur Hauptstadt des »Widerstands« erkoren. Und in seiner Kyffhäuserrede 2018 hatte Höcke erklärt: »Heute, liebe Freunde, lautet die Frage nicht mehr: Hammer oder Amboss, heute lautet die Frage: Schaf oder Wolf. Und ich, liebe Freunde, meine hier, wir entscheiden uns in dieser Frage: Wolf.« Albrecht von Lucke (2019) weist darauf hin, dass auch Josef Goebbels mit ebensolchen Wolf-Schaf-Vergleichen argumentierte, so in einem Leitartikel der NSDAP-Zeitung »Der Angriff« vom 30. April 1928, in dem es heißt: »Wir kommen nicht als Freunde, auch nicht als Neutrale. Wir kommen als Feinde! Wie der Wolf in die Schafherde einbricht, so kommen wir!«

Lange Zeit wurden derartige Äußerungen von den nachsichtigen Interpreten in der AfD hingenommen, retuschiert und weggeschoben – und, was besonders irritiert, auch in einem beträchtlichen Teil der Medien. Mit dieser Rede provozierte Höcke den Protest der sich moderater gebenden, vor allem aus dem Westen stammenden Funktionäre. Aber auch das war ein eher hilfloser Aufruf, der alsbald unter anderem von der Fraktionsvorsitzenden der AfD im Bundestag, Alice Weidel, dadurch kassiert wurde, dass sie sich auf Höckes Seite schlug.

Es ist inhaltlich wie rhetorisch der »Goebbels-Sound«,[13] der in dieser Radikalität neu war und den Machtkampf in eine neue Eskalation innerhalb der Partei getrieben hat. Der »Flügel« als Kampfverband von Höcke und Andreas Kalbitz löste eine immer schnellere Radikalisierung aus. Höcke fordert: »Wir, liebe Freunde, wir werden uns unser Deutschland Stück für Stück zurückholen!« (Dresdner Rede, 17.1.2017) Höcke geißelt das Kriegs-

---

[13] So bezeichnet und mit filmischen Redeausschnitten illustriert von »Monitor«, 28.6.2016, www.youtube.com/watch?v=RY9_YCee5m01

verbrechen der alliierten Bombardierung Dresdens, gegen das er sich bereits bei einer NPD-Demonstration in Dresden 2010 gewandt hatte, dann die Bombardierung der anderen deutschen Städte, schließlich die Alliierten insgesamt: »Man wollte uns mit Stumpf und Stiel vernichten, man wollte unsere Wurzeln roden«. Wenn es nicht gelingt, die Politik zu korrigieren, »dann werden wir in Deutschland und Europa einen Kultur- und Zivilisationsbruch historischen Ausmaßes, ja liebe Freunde, dann werden wir eine kulturelle Kernschmelze erleben, das wollen wir nicht und das müssen wir gemeinsam verhindern«. Jetzt werde der ganze Osten zur Heimat der Bewegung – denn nun, so das Motto des Kyffhäusertreffens 2019, »steht der Osten auf« – eine Anleihe an den Satz »Nun Volk steh auf und Sturm brich los« aus Goeb bels' Sportpalastrede vom 18. Februar 1943. Die Absage an die parlamentarische Demokratie der alten »Kartellparteien« ist bei Höcke verbunden mit einem entfesselten Freund-Feind-Denken – sowohl gegenüber dem parlamentarischen System als solchem als auch gegenüber allen größeren ethnischen und religiösen Minderheiten.

Ziel der alliierten Kriegsführung war es Höcke zufolge, nicht nur gegen die deutsche Identität, sondern gegen den physischen Bestand des deutschen Volkes einen Vernichtungsfeldzug zu führen. Ziel der Alliierten war danach die Ausrottung des deutschen Volkes, der »Holocaust« an den Deutschen. Die nach 1945 begonnene systematische »Umerziehung« der Überlebenden erscheint ihm nur als eine Fortsetzung desselben Plans mit anderen Mitteln. Und »das«, also die »Ausrottung« von »uns«, habe man auch fast geschafft. In diesem Sinn ist das in der Dresdner Rede angeklagte »Denkmal der Schande« Ausdruck für den »Gemütszustand eines total besiegten Volkes«. Was zuweilen als eine ein wenig überzogene, historisch gelehrt klingende Sprache Höckes erscheint, ist zugleich eine, die vor nichts Halt macht und in grandioser Selbstüberschätzung schlicht die braune Revolution will.

Wer aber von der »Invasion« der Muslime mit dem Ziel des Untergangs Deutschlands redet und sich in unmittelbarer tödlicher Gefahr sieht, dem bleibt, um sich selbst zu beschützen, geradezu zwingend der Griff zur Gewalt. Dann heißt es nur noch: die oder wir. Das »legitimiert«, wenn man an der Macht ist, im Zweifel alles und damit auch tödliche Gewalt – und sofern man nicht an der Macht ist, gewalttätigen Widerstand.

Aus der Analyse des Nationalsozialismus und seines Antisemitismus wissen wir, dass die Kraft der politischen Paranoia an der Macht am Ende nur ein Ziel kennt: die, die »uns« zerstören, auszuschalten, damit das eigene Volk überlebt.

2. Martin Sellners neonazistischer »Regime Change von rechts« (Juni 2023)

Die Identitären Martin Sellners, mit denen Kubitschek und Höcke eng zusammenarbeiten, beschwören den »großen Austausch«: die Auflösung der Völker in Europa wie in den Vereinigten Staaten. Ihre paranoide Zuspitzung legt Gewalt nahe und führt, wie im Fall des neuseeländischen Attentäters, zu rechtem Terror:[14] Dieser hatte sein Pamphlet »The Great Replacement« (Der große Austausch) betitelt und sich damit ausdrücklich auf die Ideologie der Identitären und die im Antaios-Verlag veröffentlichte Kampfschrift von Renaud Camus »Revolte gegen den großen Austausch« bezogen. Ähnlich der Attentäter von El Paso Anfang August 2019.[15]

Schon in dem vom Antaios-Verlag verlegten Band »Gelassen in den Widerstand« (Sellner/Spatz 2015) plädierten die Autoren – man hört die Sprache Ernst Jüngers heraus – für eine »geistige (und politische) Verschärfung«: »Wir wollen die Herzen in Brand setzen, etwas in Bewegung bringen, die entscheidenden Fragen

[14] Beim Terroranschlag auf zwei Moscheen in Christchurch am 15. März 2019 tötete der aus Australien stammende Rechtsterrorist Brenton Tarrant mit Schusswaffen insgesamt 51 Menschen und verletzte weitere 50, einige davon schwer.

[15] Bei einem Anschlag am 3. August 2019 tötete ein Rechtsextremist in einem Walmart-Supermarkt in El Paso, Texas, 22 Menschen und verletzte weitere 24, einige davon schwer.

erneut, tiefer und mit politischen Folgen stellen. Die geistige Unruhe, der schlafende Furor teutonicus, das ewig unzivilisierbare, urdeutsche Fieber, das uns aus germanischen Urwäldern wie aus gotischen Kathedralen entgegenstrahlt, versammelt sich in uns. Unsere Gegner wissen das, und sie haben Angst. Sie wissen von der Möglichkeit der spontanen Eruption und Regeneration. Und sie wissen, dass wir nicht mehr in ihre Fallen laufen, dass wir ihren Schablonen und Gängelbändern entwachsen sind. Ich glaube, wir leben in einer Zeit der Entscheidung. Ich glaube, dass unsere Arbeit als Kreis, im Denken und Hören auf das Sein, organisch in den politischen Kampf einer Massenbewegung, in die politische Arbeit einer Partei eingebunden ist.«

Die »Identitären« sind inzwischen von ehemaligen Neonazis durchsetzt, fallen laut Innenministerium mit weit über 100 Straf- und Gewalttaten nicht zuletzt in Halle/Saale auf und kooperieren engstens mit dem Trio Höcke-Kalbitz-Urban. »Opposition heißt Widerstand« – unter diesem Titel hatten sich am Samstag, dem 24. November 2017, in der Messestadt Leipzig Rechtsextremisten und -populisten zu einer Konferenz getroffen. An der Veranstaltun-g des Compact-Magazin-Verlages (Jürgen Elsässer) nahmen unter anderem Höcke, PEGIDA-Chef Lutz Bachmann sowie Sellner teil. Seit Monaten war dazu im Netz mobilisiert worden (vgl. Leipziger Volkszeitung vom 24. 11. 2017). Der ursprüngliche Abgrenzungsbeschluss der AfD gegenüber den Identitären war bereits im Herbst 2017 Makulatur. Zusammen mit Höcke und anderen sehen sich die Identitären, die Gruppe um Kubitschek und Ellen Kositza, als national-revolutionäre Avantgarde, die die AfD zusammen mit Vorfeldorganisationen entsprechend ausrichten will.

Die Kehrtwende muss durch eine Revolution bzw. einen »Regime Change von rechts« (Sellner) umgesetzt werden, um zu einer ethnisch reinen, d.h. rassistisch reinen Identität der Deutschen zu kommen. Ohne millionenfache Vertreibung (also ohne Remigration) werde dieses Volk im Abendland nicht überleben: Es geht um Tod oder Leben und daher um eine Strategie mit aller Konsequenz, auch der der Gewalt.

Aus der Lektüre von Sellners »Regime Change von rechts. Eine strategische Skizze« (2023)[16] ergibt sich, dass sein extrem rechtes Denken noch sehr viel weitergeht als das, was CORRECTIV am 10. Januar von ihm bekannt machte. Seine Machtstrategie folgt der vermeintlichen Tatsache eines für Deutschland lebensgefährlichen, ja tödlichen Bevölkerungsaustausches (durch den »großen Austausch«, die Ersetzung der ethnischen deutschen Bevölkerung durch »Fremde«), die er mit einer Strategie zum Erhalt der »ethnokulturellen Identität« beantwortet (240) und dafür das Konzept der rechtsrevolutionären »Reconquista« plant, was bereits aus der Rückseite des Buchcovers hervorgeht: »Dieses Buch stellt die Frage nach einer Revolutionstheorie von rechts – und beantwortet sie strategisch.« In Weiterführung seiner extrem rechten und eben auch neonazistischen Tradition geht es Sellner um die »Reaktion der Reconquista auf den Totalitarismus« (239).

»Reconquista« ist keine Idee der Identitären. Der Begriff bezieht sich historisch auf die Rückeroberung eines von Muslimen beherrschten Territoriums durch christliche Spanier. Diejenigen Muslime (und ähnlich Juden), welche nicht im gleichen Jahr zum Christentum konvertiert waren, hatten das Land zu verlassen. Selbst die aber, die konvertierten, wurden in der Folge oft Opfer der spanischen Inquisition. Es war ein rabiates und frühes rassistisches Konzept.

In der Ideologie der Identitären handelt es sich um einen Aufstand der Unterdrückten gegen ausländische Unterdrücker, während es sich in der Geschichte um eine Rückeroberung aus ökonomischen und politischen Gründen handelte. Mit diesem historischen Ausweichmanöver verdecken die Identitären kaum, dass es ihnen in der Tradition der sogenannten konservativen Revolution um eine hierarchisch strukturierte, autokratisch regierte Gesellschaft geht. Mehr noch: Die »konservativen Revolutionäre«, wie sie von Armin Mohler zusammen kompiliert wurden,

---

[16] Die Seitenzahlen in Klammern in diesem Kapitel beziehen sich auf dieses Buch.

waren die zentralen ideologischen Stichwortgeber der nationalsozialistischen Kampfbewegung in der Weimarer Republik bis 1933 (wie Carl Schmitt, Arthur Moeller van den Bruck oder Ernst Jünger). Die sogenannte neue Rechte bezieht sich auf die konservative Revolution. Dabei war Mohler nach dem Zweiten Weltkrieg ein überzeugter Neonazi, der sich während des Dritten Reichs bei der SS zum Dienst angemeldet hatte. In der Bundesrepublik allerdings sah er in der »Wiedereroberung« (Wiedererrichtung) des Rechtsextremismus nur dann eine Chance, wenn er sie vom historischen Nationalsozialismus absetzt und deswegen die »konservative Revolution« mit einer großen Kompilation aller Rechten in die Welt setzte. Diese weist kaum andere Perspektiven auf als die der Faschisten des 21. Jahrhunderts um Höcke, Kubitschek, Sellner oder Krah.

Dem vermeintlich heldenhaften Kampf zur Befreiung Spaniens von den muslimischen Horden korrespondiert die »Remigration«, also die Ausweisung und Vertreibung großer Teile der muslimischen (und der jüdischen) damaligen Bevölkerung aus Spanien. Auf wenigen Seiten umreisst Sellner in der »Skizze einer erfolgreichen Reconquista« (239ff.) eine Abfolge in Eskalationsschritten – in Stakkato-Sätzen eines militärischen Anweisungs- und Befehlstons des Avantgardekaders. Die Skizze zeichnet eine aggressive Bewegung mit einer Avantgarde und formuliert die These, dass wenn 3% erreicht sind als Avantgarde und 30% der Partei zustimmen, sei die parlamentarische Seite blockiert, und nun gehe es um die entscheidende »Konzentration«: die Revolution selbst, die Abschaffung der Fremden durch millionenfachen Transfer und die Bildung einer ethnisch reinen, rassistischen Ordnung.

Da heißt es entschieden: »In der Endphase des Bevölkerungsaustauschs dominiert durch seine zahlreichen Verwerfungen dauerhaft das Migrationsthema, auf das ausschließlich das rechte Lager eine zufriedenstellende Antwort hat. Allein die Reconquista garantiert den Weg, um die Erfolgschancen zum Erhalt der ethnokulturellen Identität zu maximieren. Dazu sei eine Massenbewegung und aktivistische Avantgarde nötig, die eine bundesweite, zentral geleitete Struktur aufbaut, um kampagnenfähig zu werden.« (241) Die Partei müsse in der Vorbereitungsphase für die Leitstrategie der Reconquista gewonnen werden. Dazu aber müsste die Vorherrschaft des Parlamentspatriotismus überwunden werden (243).

Es gehe um die Stärkung der Gegenkultur, der Gegenöffentlichkeit und eines Drahtes zu außerparlamentarischen Kräften. Aktive der Gegenöffentlichkeit müssen gezielt Kommunikations- und Vernetzungsplattformen schaffen. (244) Parallel bilde sich in theoretischen Kreisen durch intensive Strategiedebatten ein Konsens für den metapolitischen Weg (244). In der folgenden Aufbauphase ist das rechte Lager handlungs- und kampagnefähig; mindestens 3% der Bevölkerung müssten in diese Oppositionsbewegung eingebunden sein – für Sellner die kritische Schwelle für eine Wende. In den Kampagnen errege die junge Avantgarde mit disruptiven Aktionen Aufmerksamkeit und reize den Gegner zu Überreaktionen (245). Die Bürgerbewegung – wie Sellner die Revolutionsbewegung nennt – zieht mit ihrer Masse in die so geschlagenen metapolitischen Breschen nach (245). Erst wenn die Massenbewegung ausgeweitet und erfolgreich ist, komme eine Regierungsbeteiligung infrage, nämlich dann, wenn man tatsächlich stark genug sei, um bereits identitäre Politik umzusetzen (248). Jede Realpolitik müsse der Reconquista dienen. Eine Juniorpartnerschaft in einer von anderen dominierten Regierung schließt er aus. Nach einigen Jahren erfolgreicher Kampagnenarbeit sollte die rechte Partei je nach wirtschaftlicher und sozialer Lage in Umfragen bei 20 bis 30% liegen und das Altparteiensystem blockieren (249).

»Begriffsfestungen« (! – d.V.) wie »Bevölkerungsaustausch«, »Remigration«, »Volk«, »Deislamisierung« würden durch metapolitische Pionierarbeit erobert und ausgebaut. (249) Personen im Mainstream beginnen, »verfemte« Begriffe zu verwenden. Gegnerische begriffliche Hochburgen wie »Integration«, »Vielfalt«, »Einwanderungsland« sind schwer beschädigt (auf der Potsdamer Tagung hat Sellner dies exemplarisch versucht, als er von Remigration statt Vertreibung sprach).

In einer abschließenden Phase setze das ganze rechte Lager zu einer finalen Konzentration aller Kräfte an. Dabei geht es um ultimative Herausforderung und Provokation der herrschenden Ideologie. Die Voraussetzungen für die Konzentrationsphase – offenkundig der einer revolutionären Situation – sieht er in den Elementen Organisation, Masse, Botschaft und Strategie. Hierfür müsse die Partei in Umfragen führen, die Bewegung ihr Mobilisierungspotenzial ausschöpfen und die eigene Gegenöffentlichkeit den Diskurs dominieren, während die herrschende Elite uneinig sei, Krisen das System erschüttern würden und die Widersprüche zwischen Wirklichkeit und herrschender Ideologie offenkundig seien (252). Nun gehe es vom sozialen zum politischen Regime Change. Ein modernes Beispiel für eine derartige Konzentrationsphase würde man in Ungarn, der konservativen Revolution unter Viktor Orbán antreffen (252).

Diese nicht zufällig 2023 ausformulierte Skizze ist offenkundig eine Blaupause, die der Entfaltung der Machtfrage in den Jahren 2024 und 2025 mit Landtags- und Bundestagswahlen dienen soll. Man erkennt schon, was sich die neonazistischen Machtstrategen so vorstellen: Rechtsextreme Parteien bei 30%, die zunehmend die Politik der bisherigen demokratischen Parteien blockieren, eine Bewegung auf den Straßen, die 2% bzw. 3% aktiv betreiben (in einem Bundesland wie Thüringen einige 10.000), die Umwidmung und Aushöhlung der Begriffsfestungen als Ziel metapolitischer Ideologiearbeit und die Schwächung der alten verbrauchten Kräfte – dann kann es losgehen: Der Regime Change steht an.

Wenn jedoch der Aufbau metapolitischer Macht, der Orbán in Ungarn gelungen sei, durch Zensur unterdrückt werde, dann würde der Sturz des Regimes durch einen massenhaften Akt zivilen Ungehorsams erforderlich (263). Sellner beschreibt im Weiteren detailliert, wie die Revolution, ein Regime Change von rechts gelingen kann. Wir finden ein Plädoyer für Revolution durch zivilen Ungehorsam und wenn es denn sein muss und erfolgreich wird, durch Gewalt, auch wenn Sellner diesbezüglich jede Eindeutigkeit vermeidet. Am Ende beschwört Sellner den Leser, bereit zu sein, ja »anmaßend« groß zu denken (285) und zitiert aus Lenins »Was tun?«, der seinerseits einen D.I. Pissarew zitiert: »Der Zwiespalt zwischen Traum und Wirklichkeit ist nicht schädlich, wenn nur der Träumende ernstlich an seinen Traum glaubt. […] Gibt es nur irgendeinen Berührungspunkt zwischen Traum und Leben, dann ist alles in bester Ordnung.«

Mit diesen Zitaten wird klar, dass die ideologischen Vorgaben, die Schritte der Opposition und die metapolitische Überhöhung ihrer Strategie der Etablierung einer ethnisch reinen, rassistischen Gesellschaft dienen.

Sellners in Potsdam vorgetragene Thesen sind also keineswegs neu, zudem haben ähnliche Treffen mit ähnlichen Themen in Anwesenheit führender AfD-Vertreter bereits des Öfteren stattgefunden. Kubitscheks »Institut für Staatspolitik« (siehe hierzu auch Der rechte Rand 2020) und die in seinem Verlag veröffentlichen Bücher liefern dafür die ideologische Unterfütterung.

3. Maximilian Krahs Manifest »Politik von rechts« (Juni 2023)

Um den ideologischen Kern der AfD-Masterpläne zu bewerten, wird man auch im Pamphlet des zum Spitzenkandidaten für die Europawahlen gekürten AfDlers und ehemaligen CDU-Mitglieds fündig. Dort heißt es auf Seite 53f. unter der Überschrift »Identität als Volk«: »Rechte Politik bekennt sich zum Volk, das mehr ist als die Gemeinschaft der Staatsbürger. Im Unterschied zur rein äußerlichen Staatszugehörigkeit lebt die Zugehörigkeit zu einer auf Kultur, Geschichte und Sprache basierenden Traditionsgemeinschaft in den Sinnen: als Gewissheit, als Schwingung, als Sprachkörperlichkeit. Die Zugehörigkeit zum Volk ist daher Selbstbehauptung im und durch das Kollektiv, und zwar das größte Kollektiv, in dem diese umfassende Selbstbehauptung je geglückt ist. Volk ist Schicksal.«

Auf insgesamt 227 Seiten (einschließlich eines Vorworts von Alexander Gauland) legt der Jurist dar, was er als Politik von rechts versteht und definiert: die ethnisch rassistische Bedeutung des eigenen Volkes: »Volk ist Schicksal«, Volk ist Realität. Anstand, Ehrlichkeit und Vertrauen könne man nur gewinnen,

»wenn Völker in ihrem ethnischen Substrat Bestand haben, wenn ihre positiven Eigenschaften durch die Homogenität der ebenso Geprägten zum Vorteil aller werden, statt sie dem einzelnen im unbarmherzigen Selbstbehauptungskampf unter Fremden zum Nachteil gereichen.« (54) Gegen die heterogene Gesellschaft der Zukunft plädiert er dafür, dass die Autochthonen nicht zu Fremden im eigenen Land werden. (55) Für die linksliberalen Eliten gäbe es keine Identität. Vor allem aber führe die Massenmigration zur Frage, »ob in Deutschland verschiedene Völker nebeneinander leben sollen oder ob – und wenn ja, wie – eine Assimilierung möglich ist.« (55)

Die sieht Krah kaum, plädiert daher für eine restriktive Einwanderungspolitik und fragt sich, »was mit den im Land befindlichen Menschen mit Migrationshintergrund geschehen soll. Das werden in Deutschland prognostisch über 25.000.000 Menschen sein, davon deutlich über 15.000.000 deutsche Staatsangehörige«. (60) Da man sie schwerlich wegen taktischer Umsetzbarkeit gegen ihren Willen aus dem Land ausweisen könne, muss die Remigration der nicht Integrationswilligen und -fähigen in großer Zahl durch Kooperation mit den Auszuweisenden gelingen. Dazu muss der heutige Sozialstaat grundlegend korrigiert werden und nicht mehr immigrationsfördernd und remigrationshemmend sein (61). Dies könne mit gezielten Investitionen in den Herkunftsländern und vor allem durch sogenannte kulturelle Anreize erreicht werden, die in der Durchsetzung der deutschen Kultur und der Verhinderung von Parallelwelten liegen würden (61).

Dann müssten sich die Migranten entscheiden: Akzeptieren sie diese Ordnung und assimilieren sich in sie, oder verlassen sie das Land wieder und suchen sich eine Heimat, die ihren Vorstellungen von öffentlichem Zusammenleben entspricht. Krah fordert eine wirksame Verhinderung der Heirat von Importbräuten, ein konsequentes Durchsetzen deutscher sozialer Normen, etwa in der Schule, von Schülern in Uniform bis zum Schwimmunterricht, und eine Rechtsordnung, die Verstöße konsequent ahndet. Diese Maßnahmen sollen Geflüchteten und Migranten den weiteren Aufenthalt vergällen. (62) Die Menschenrechte hält er für verzichtbar. Er plädiert für die ethnische Traditionsgemeinschaft als Staat und Gesellschaft. Wer dagegen von Menschheit spricht, der will betrügen, zitiert er Carl Schmitt, seine zentrale theoretische und staatsrechtliche Referenzperson (71).

Mehr noch: Krahs Manifest ist eine wütende Abrechnung mit dem liberalen Rechtsstaat, der eben auch von Voraussetzungen lebt, die er selbst nicht garantieren kann, die aber – wie er sagt – durch die Masseneinwanderung das, was vielleicht noch an Konsens da ist, endgültig verwässert, womit die Voraussetzungen, von denen der liberale Rechtsstaat lebt, nicht mehr gegeben seien (87). Er sei durch Partikularinteressen zersetzt. Ihm gehe es stattdessen um eine organische Ordnung auf Basis dessen, was sich aus Natur, Tradition und Kultur ergibt (88). Es geht Krah also um eine repressive Staatsgewalt, um gegenüber der Realität der multikulturellen Bevölkerung in den Ballungsräumen die Ordnung aufrechtzuerhalten (95).

Zum anthropologischen Kern seines Gedankenkonglomerats gehört für ihn eine rassistisch-biologische Erklärung: Der deutsche Intelligenzquotient sei höher als der afrikanische; deswegen müsse man mehr tun als sich dem liberalen Verständnis von Menschenwürde unterzuordnen (99). Für Krah sind es nicht Hochqualifizierte, die nach Deutschland und Europa einwandern. Mit einem Intelligenzquotienten von 80 oder 90 könne man keine qualifizierten Arbeiten ausführen, daher sei der Plan, durch Masseneinwanderung die nicht mehr geborenen autochthonen Fachkräfte zu ersetzen, zum Scheitern verurteilt (179). Das ist Rassismus pur, ebenfalls mit einem Verweis auf die umstrittenen Texte des eugenischen Rassisten und ehemaligen Sozialdemokraten Thilo Sarrazin. Wenn der Kernbegriff heutigen rechten Denkens die Identität ist, dann besteht die Würde des Menschen im Leben im Einklang mit sich, seiner Natur und in einer ihm entsprechenden kollektiven Ordnung (99). Um den in Natur und Tradition verwurzelten Menschen zu schützen, brauche es die robuste Gewalt des Ordnungsstaats (99). Krahs Text ist ein Plädoyer gegen Einwanderung und für eine völkisch autoritäre, mit Gewalt durchsetzte verfassungsfeindliche Ordnung.

4. Götz Kubitscheks »Institut für Staatspolitik«

Das im Mai 2000 gegründete, und von Götz Kubitschek geleitete »Institut für Staatspolitik« (IfS) in Schnellroda (Sachsen-Anhalt) gilt als ein Zentrum der extremen neuen Rechten. Kubitschek ist Geschäftsführer des rechtsextremen »Verlag Antaios« und verantwortlicher Redakteur der Zeitschrift »Sezession«. Er initiierte mehrere politische Kampagnen. Im Jahr 2015 trat er mehrfach bei den Pegida- und Legida-Demonstrationen in Dresden und Leipzig als Hauptredner auf.

Kubitschek ist eng mit Jürgen Elsässer, dem Herausgeber des neurechten Compact-Magazins, befreundet. Bei der Wahlparty der AfD in Sachsen-Anhalt 2016 hatte das Magazin als einziges Medium ein eigenes »Wahlstudio«, in dem Elsässer, Kubitschek und Martin Sellner mit der versammelten AfD-Prominenz zusammentrafen. Nach den euphorischen Feiern des Erfolgs der AfD in Magdeburg fragte Elsässer den AfD-Landesvorsitzenden André Poggenburg, ob man mit dem »Regimewechsel« (Elsässer) denn bis zur nächsten Bundestagswahl warten müsse.

Höckes und Kalbitz' wichtigster »Einflüsterer«, also Kubitschek als der ideologische Stratege der extremen, neofaschistischen Rechten, sprach beizeiten davon, dass es eine Stimmung des »Vorbürgerkriegs« brauche. Kubitschek und Höcke sind seit Langem auch privat in engstem Kontakt, der auf hessische politische Seilschaften zurückgeht. Kubitschek betreibt die Radikalisierung des Flügels in der AfD und vertieft die Kooperation mit den rechtsextremen Identitären ebenso wie mit Pegida, während Höcke der Agitator der Massen ist, der sich dazu selbst mit einem Personen-, ja einer Art Führerkult umgibt.

Kubitschek geht es um das Vermächtnis seines politischen Ziehvaters, des selbst erklärten Faschisten Armin Mohler (1920–2003). Ihm ist er verpflichtet, seinem propagierten faschistischen Stil und der auf den einstigen Gründer der Partei »Die Republikaner« Franz Schönhuber (1923–2005) bezogenen Strategieempfehlung: »Die (neue) Rechte muss mit dem vorherrschenden Sicherheitsbedürfnis des Volkes kalkulieren und daraus Kapital schlagen

[...] Man muss die Leute in den Eingeweiden bewegen. Der Nationalsozialismus hatte den Leuten seelische Erlebnisse vermittelt, die heute kaum noch denkbar sind, darin bestand sein Erfolgsrezept. Das dringender werdende Asylproblem könnte eine populistische Rechte stark machen«. (Zit. nach Leggewie 1987: 201).

In den 1990er-Jahren erklärte Mohler sich mehrfach zum »Faschisten«, was in dem Bekenntnis – in der Tradition von Georges Sorel – zur faschistischen Gewalt mündet: die »direkte plötzliche, sichtbare, demonstrative Gewalt, die immer zugleich auch symbolisch wirken soll: der schon genannte Sternmarsch auf ein Zentrum der alten, zu stürzenden Macht; das Aufpflanzen der eigenen Fahne auf dem feindlichen Hauptquartier oder etwa das Halten eines als sinnbildlich geltenden Gebäudes um jeden Preis, auch wenn es militärischen Fachleuten als sinnlos erscheint und sinnlose Opfer kostet.« (Mohler 1990: 104) – Pathetische Worte eines zeit seines Lebens schreibenden und netzwerkenden Epigonen.

Er weist dem »Leuchter-Report« gar eine klärende öffentliche Funktion zu. Hierzu heißt es: »Sollte es auch an den in Polen liegenden KZs (den sogenannten ›Vernichtungslagern‹) nicht zu Massentötungen in Gaskammern gekommen sein, so wäre das das Ende der These von der ›Singularität der deutschen Verbrechen‹, die sich ja vor allem aus den Horror-Visionen von den Gaskammern nährt. Die nicht anzweifelbaren Massenmorde der Ohlendorfschen Einsatzgruppen (über deren Opferzahl noch gestritten wird) sind zwar schauerlich – aber sie unterscheiden sich nicht (auch quantitativ nicht) von dem, was sich andere kriegführende Nationen im Zweiten Weltkrieg geleistet haben. Und die Gas-Autos scheinen nicht über vereinzelte Versuche hinaus entwickelt worden zu sein.« (Mohler 1990: 277)

Für die extreme (!) »neue Rechte« um Kubitschek ist kaum jemand so wichtig wie Mohler. Mit seiner Sammlung »Die konservative Revolution von 1918–1932« schuf er ein wirksames Bild der antidemokratischen Radikal-Nationalisten der Weimarer Republik, die er irreführend zu »Trotzkisten« und damit zu entschiedenen Gegnern des Nationalsozialismus zu stempeln versuchte, obwohl viele, ja die ihm wichtigsten – wie Ernst Jünger und Carl

Schmitt – engstens mit der nationalsozialistischen Bewegung verwoben waren. Mohler hatte keine Mühe und keine Radikalisierung gescheut, um »seinen« Deutschen nationalistisches Selbstbewusstsein für neue imperiale Höhenflüge einzuträufeln. Er war und ist noch immer ein unumstrittener Guru der extremen Rechten. Inzwischen nutzen Identitäre ideologisch, darauf hat Micha Brumlik (2016) hingewiesen, die Energiezufuhr aus historischen Ideen, die sie neu zusammenstellen – insbesondere aus der Riege der Jungkonservativen und der Antidemokraten der Weimarer Republik. Sie beschwören eine ostdeutsche ethnische Kontinuität, die sich gegen die Totalitarismen des Nationalsozialismus, des Stalinismus und des Westens bewährt habe, nicht der »Charakterwäsche« westlicher Umerziehung in die Falle gelaufen sei, sondern »gelassen in den Widerstand« gegen die Republik und den Westen gehe. Die verschiedenen Gruppen der extremen neuen Rechten vermitteln das Gefühl, sie seien an der Geburtsstunde einer großen völkischen Revolutionsbewegung beteiligt.

Kubitscheks Entschlossenheit zeigt sich darin, dass er die 20-jährige Zusammenarbeit mit der klassischen neuen Rechten in der Wochenzeitung »Junge Freiheit« um Dieter Stein und seinem Kompagnon in der Gründung des Instituts für Staatspolitik, Karl-Heinz Weißmann, aus Gründen seiner unerbittlichen Radikalität zugunsten der nun von ihm betriebenen neofaschistischen Bewegung, aufgegeben hat.

6. Ein zehnjähriger Prozess dynamischer Radikalisierung zur Machtfrage 2024

Der Auftritt der Bewegung der »Patriotischen Europäer gegen die Islamisierung des Abendlands« (Pegida) am 20. Oktober 2014 hatte in Dresden noch vor den Flüchtlingsdebatten der Jahre 2015 und 2016 lokal riesige Resonanz ausgelöst. Ebenso das gewalttätige Vorgehen der sogenannten »Hooligans gegen Salafisten«, kurz HOGESA wenige Tage danach, am 26. Oktober 2014 in Köln. In den folgenden Monaten entfesselte Pegida mit Unterstützung des »Flügels« der AfD in bis dahin ungeahnter Weise Ressentiments gegen Muslime.

Der im Frühjahr 2015 gegründete »Flügel« der AfD um Gauland, Höcke und Poggenburg hatte sich zum Sturz von Bernd Lucke organisiert und Pegida zum natürlichen Verbündeten erklärt. Ihnen ging es mit der »Erfurter Resolution« vom März 2015 um die Entwicklung einer »fundamentaloppositionellen Bewegungspartei« (Höcke), um eine »grundsätzliche, patriotische und demokratische AfD zu den etablierten Parteien, als Bewegung unseres Volkes gegen die Gesellschaftsexperimente der letzten Jahrzehnte, als Widerstandsbewegung gegen die weitere Aushöhlung der Souveränität und der Identität Deutschlands«.

Die erste Stufe der Radikalisierung erfolgte mit dem Sturz von Bernd Lucke und der Übernahme der Macht durch Frauke Petry im Sommer 2015 in Essen. Die zweite Stufe der Radikalisierung fand auf dem Stuttgarter Parteitag im Frühjahr 2016 statt, als dort das Grundsatzprogramm verabschiedet wurde und eine der zentralen Weichenstellungen die Haltung und den Umgang mit dem Islam betraf. Diese Hetze wurde in der Debatte um das Grundsatzprogramm der AfD am 1. Mai 2016 in Stuttgart hineingeschrieben. Der Redner zu diesem Teilprogramm, Hans-Thomas Tillschneider, erklärte: Der Islam sei nicht aufklärungsfähig und er wolle auch nicht, dass er aufgeklärt werde, und verteufelte so die Gesamtheit der in Deutschland lebenden Muslime. Er erhielt dafür tosenden Beifall, niemand aus der Führungsriege intervenierte. Als ein Parteimitglied aus Lüneburg darauf hinwies, dass es bei ihm positive Erfahrungen mit der kleinen muslimischen Gemeinde dort gegeben habe, gab es ebenso tosende Buhrufe.

Im April 2017, der nächsten Stufe der Radikalisierung im Rhythmus ihrer Parteitage, entmachtete der Parteitag kurz vor dem Beginn des Wahlkampfs zum Bundestag im September 2017 Frauke Petry – ein nächster Sieg des »Flügel« um die Achse Höcke-Gauland. Die vierte Stufe erfolgte nach den für die Partei erfolgreichen Bundestagswahlen im Dezember 2017, als sich der um Pragmatismus bemühte Georg Pazderski nicht als Ko-Sprecher durchsetzen ließ und Gauland, um den Parteitag zu retten, einsprang. Schließlich zementierte der Parteitag vom 30. November und 1. Dezember 2019 die Dominanz des »Flügel«, auch durch die Wahl von Andreas Kalbitz in den Vorstand und die Nicht-Wiederwahl derjenigen, die sich gegen den »Flügel« gewandt hatten.

Ohne einen fundamentalen Systemwandel kann die völkische Rechte ihr Kernprogramm, den unbedingten Kampf gegen alle ethnischen und religiösen Minderheiten zugunsten eines ethnisch reinen Staates deutscher Identität, nicht erfolgreich durchsetzen. Daraus erklären sich strategisch die je neu entfesselten Angriffswellen gegen Muslime, Deutsch-Türken und Geflüchtete und inzwischen immer offener auch gegenüber der jüdischen Minderheit.

Auch der Angriff auf die Erinnerung an den Nationalsozialismus ist keineswegs beiläufig oder gar zufällig, sondern hat mit den Kernelementen der Strategie der völkischen Radikalen in der AfD zu tun. Sie rütteln offen an den Grundlagen dessen, woraus sich einmal die Nachkriegsrepublik konstituiert hat, und streben inzwischen offensiv ein Ende dieser Republik, eine völkische Revolution in der Tradition der extremen Rechten und der Neonazis an. Sie müssen für dieses Ziel eine 180-Grad-Wende im Erinnern deutscher Geschichte verlangen und das Holocaust-Mahnmal als Mahnmal der Schande verunglimpfen. Das ist der Grund dafür, die Geschichte des Nationalsozialismus und seiner Verbrechen für einen »Vogelschiss« in einer stolzen tausendjährigen Geschichte zu (v)erklären und zugleich auf die deutschen Soldaten in zwei Weltkriegen stolz zu sein. (Alexander Gauland)

Die Tilgung dieser Erinnerung dient dazu, das, was von ihrer politisch kulturellen Identität her die Republik zusammenhält, anzugreifen: die Verfassung der Grundrechte, der Menschenwürde, der Versammlungs-, Presse- oder Religionsfreiheit in der gewaltengeteilten Demokratie des sozialen Rechtsstaats. Eine Mehrheit der AfD-Anführer*innen will inzwischen einen Wechsel des Systems, das ethnische Minderheiten und die internationalen Rechte der Flüchtlinge achtet. Sie organisieren eine »fundamentaloppositionelle Bewegungspartei« (Höcke) und betreiben einen Generalangriff auf die Republik, ihre politisch-kulturellen

Traditionen und den Kern der Verfassung. Die »Alternative für Deutschland« ist in ihrer politischen Ausrichtung mehrheitlich an der gewaltengeteilten Demokratie desinteressiert und sucht sie auch von der parlamentarischen Bühne anzugreifen, zu unterlaufen und zu zersetzen. Nicht zuletzt die Tatsache, dass mehr als 100 Mitarbeiter*innen der AfD-Faktion im Deutschen Bundestag in rechtsextremen Netzwerken aktiv sind, wie von einem Rechercheteam des Bayerischen Rundfunks jüngst aufgedeckt wurde, unterstreicht dies.

Die rechten Bewegungen und die AfD schufen seit 2014 – mit dem Katalysator der bundesweit geführten Flüchtlingsdebatten der Jahre 2015 und 2016 – einen sich gegenseitig stärkenden ressentimentgeladenen schrillen Klangteppich aus Schlagworten, autoritärer Agitation, Hass und Hetze. Der zugespitzten Gewaltsprache korrespondierte eine mehrjährige Dynamisierung von Bewegungen des Ressentiments. Dadurch wurden bestehende rechtsautoritäre Resonanzböden ins Schwingen gebracht, die ihrerseits der Nährboden dafür wurden, dass breite und tief verankerte terroraffine Netzwerke die teils entfesselte Stimmung vermehrt als Aufforderung zu Taten begriffen.

Die Soziologen Andreas Zick und Beate Küpper haben bereits früh darauf hingewiesen, dass die Abwertung von Einwanderern, Asylsuchenden und Muslimen immer häufiger und deutlich direkter erfolgte (siehe auch Funke/Mudra 2018: 101). Die Entfesselung von Ressentiments gegen Flüchtlinge hatte eine Atmosphäre der Gewalt etabliert. War es am Anfang »nur« das Ressentiment, handelte es sich später in Teilen der Gesellschaft um eine Normverschiebung, in der es zum Selbstverständnis gehört, auch Gewalt gegen die beschworenen Gefahren auszuüben – eine gewalthaltige »Antimoral«. Wie sehr fremdenfeindliche und rassistische (und potenziell gewaltorientierte) Einstellungen zugenommen hatten, wurde von der Leipziger Universität (Decker u.a. 2018) festgehalten.

Am 1. September 2018 hatte in Chemnitz zum ersten Mal seit 1949 eine in den Bundestag gewählte Partei mit ihrem ostdeutschen Spitzenpersonal verabredet, gemeinsame Sache mit dem

Rassisten Lutz Bachmann von Pegida, der rechtsextremen Pro Chemnitz und gewalttätigen Hooligans zu machen. Die Tatsache, dass zuvor, am 27. August nach der Tötung des Deutsch-Kubaners Daniel H. die Polizei in die Defensive geraten war, hatte den Anschein vermittelt, man könne einfach gewalttätig agieren. Es kam in diesen Tagen zu einer Kette an rassistischen und antisemitischen Handlungen: Vom Zeigen des Hitlergrußes über Rufe »Deutschland den Deutschen«, »Ausländer raus«, »Adolf Hitler« bis zu antisemitischen und rassistischen Gewalttaten gegen Geflüchtete und gegen jüdische, persische und türkische Restaurants. Es war ein Mob, der sich zeitweise von jeder Kontrolle frei sah und zu einem gefeierten Sieg der Straßengewalt und zu einer Stärkung der terroraffinen Netzwerke und zu einer neuen Gewaltwelle beigetragen hat. Die gleichzeitige Präsenz der Bundestagspartei AfD und terroraffiner Formationen stellte eine neue Stufe der Eskalation dar – begleitet von der irritierend verharmlosenden und bagatellisierenden Haltung des damals noch im Amt befindlichen Präsidenten des Bundesamts für Verfassungsschutz, Hans-Georg Maaßen. Es war ein Ineinander von Sprache und Gewalt und Gewalt und Sprache, von Taten und Worten, ein demonstratives Zeichen für mehr Agitation und Gewalt; kurzum ein Zusammenspiel derer, die mit Worten Brand stiften und derer, die diese Worte in unmittelbare Gewalt verwandeln – ein Fanal für die dann geplanten und durchgeführten Taten, den Mord an Walter Lübcke und die Bildung neuer Gruppen. Typisch für diese Gruppen ist, dass sie aus altbewährten Gewaltkadern und neu gewonnenen Anhängern bestehen, die ganze Regionen in Angst und Schrecken versetzen wollten, ohne dass zunächst angemessen gegen sie vorgegangen wäre. Ältere wie junge Mitglieder sahen sich in wilder Entschlossenheit bereit, einen bewaffneten Umsturz zu planen.

Mit Fahnen und Marschmusik zog Höcke in den Raum des Kyffhäusertreffens der Rechtsextremen und Neonazis in Leinewede am 6. Juli 2019 ein und gerierte sich als nationaler Erlöser, als der einzig Aufrechte, der unerbittlich gegen die »Spalter und Feindzeugen« zu Felde zieht, gegen all die »Halben«, die vom parlamentarischen Glanz der Hauptstadt fasziniert würden (siehe hierzu auch von Lucke 2019). Höcke steigert dies noch eine Woche später am 13. Juli zum Wahlkampfauftakt: In Cottbus fährt er in zweistündiger Verspätung in zwei riesigen dunklen Limousinen samt Pegida-Anhang und Ordnertruppe ein, um seine martialische Rede der Verhöhnung gegen das System zu halten und sich unter »Höcke, Höcke«-Rufen mit ausgebreiteten Armen feiern zu lassen. Spätestens seitdem ist endgültig klar: Mobilmachung mit Führerkult, Hetze zur Aufwiegelung gegen missliebige Minderheiten und zur Gewalt.

In den darauffolgenden Jahren ist es nicht zuletzt durch die Querdenkerbewegung und weiter rechts stehende Kräfte wie der Freien Sachsen und der Freien Thüringen während der Corona-Pandemie noch einmal zu einem teilweise höheren Niveau an Gewalttaten und einer weiter getriebenen ideologischen Radikalisierung insbesondere im Osten Deutschlands gekommen.

Dies gilt schon für die vom Bundesamt für Verfassungsschutz offiziell erfassten Daten zum rechtsextremistischen Personenpotenzial entsprechender Straftaten; dabei sind Gewalttaten mit 7,5 im Jahr 2022 besonders stark angestiegen. Daten aus den drei ostdeutschen Ländern zu den Landtagswahlen 2024 zeigen einen teils noch höheren Anstieg (siehe dazu die entsprechenden Kapitel).

»Das rechtsextremistische Personenpotenzial ist laut BfV im Jahr 2022 mit 38.800 Personen gegenüber dem Jahr 2021 (33.900) um 4.900 Personen angestiegen. Das Personenpotenzial der gewaltorientierten Rechtsextremisten hat sich mit rund 14.000 Personen gegenüber den Vorjahren erneut erhöht. 20.967 rechtsextremistische Straftaten ereigneten sich im Jahr 2022. Das sind im Schnitt mehr als 57 pro Tag. Im Vergleich zum Jahr 2021 (20.201) stieg die Gesamtzahl der rechtsextremistischen Straf- und Gewalttaten im Jahr 2022 um 3,8% auf 20.967 Delikte. Auch die Zahl der rechtsextremistischen Gewalttaten stieg im Jahr 2022 um rund 7,5% gegenüber dem Vorjahr (2022: 1.016, 2021: 945). Nachdem im Jahr 2021 die Anzahl der rechtsextremistisch motivierten Körperverletzungsdelikte mit fremdenfeindlichem Hintergrund gesunken war, wurde hier im Jahr 2022 wieder ein Anstieg von 16,3% festgestellt (2022: 751, 2021: 646). Ebenso stieg die Zahl der fremdenfeindlichen Gewalttaten (2022: 796, 2021: 686).« (Bundesamt für Verfassungsschutz 2022)

Überzeugend wird die stete Rechtsradikalisierung der Partei auf Parteitagen auch in einer ARD-Dokumentation zu AfD-Aussteigern nachgezeichnet, die Christoph Schwennnicke am 1. Februar 2024 auf t-online passend charakterisierte, was ich zum Abschluss dieses Kapitels in Auszügen wiedergebe:

»Eine ARD-Doku führt die Machtergreifung der Rechtsextremisten in der AfD erschütternd vor Augen. Die letzten Liberalen verlassen die Partei. Warum aber hat sie in der Bevölkerung diesen Zulauf?

›Im Kino gewesen. Geweint.‹ Hat mal einer geschrieben. ›Ferngesehen. Schlecht geschlafen‹, sage ich jetzt mit einer Anleihe bei Franz Kafka nach einem Abend vor dem Bildschirm am Morgen danach. Es passiert mir nicht mehr so oft, dass ich meinen Blick bei einer politischen Doku nicht von der Mattscheibe nehmen kann. In diesem Fall volle und lange 90 Minuten. Gelungen ist das mit der preiswürdigen ARD-Produktion ›Wir waren in der AfD – Aussteiger berichten‹. Das klingt schon interessant genug. Der Titel greift dabei noch viel zu kurz. Ja, es geht um Menschen, vornehmlich junge, aber auch den früheren AfD-Chef Jörg Meuthen, die reflektiert und eindringlich von ihrer Zeit in der AfD und der allmählichen Entfremdung berichten. Von dem Entsetzen, das sie zunehmend gepackt hat im Innenraum dieser Partei. Bis sie es nicht mehr ausgehalten haben. Weil sie nicht mehr in den Spiegel schauen konnten. Weil sich mit jeder Mutation im Wechsel der Vorsitzenden von Lucke bis Weidel das braune Monster immer mehr zeigte.

Die jungen Menschen aus Essen, aus Dresden, teilweise mit Migrationsgeschichte, machen plastisch, wie Gruppendruck, falsche Mutproben, finanzielle Abhängigkeiten und auch der Außendruck sie selbst über viele rote Linien geführt haben. Bis es schließlich nicht mehr ging. Und sie mit ihrem Austritt ihren inneren Anker und ihre Selbstachtung wiedergefunden haben. Und doch bis heute damit hadern, dass sie damit die Partei noch mehr jenen überlassen haben, die sie seit Jahren systematisch völkisch-rassistisch unterwandern. Das ist das eigentliche Verdienst dieser Dokumentation: dass sie entlang von Wegmarken, meist Bundesparteitagen seit 2015 in Essen, nachzeichnet, wie Björn Höcke und seine völkischen Spießgesellen einerseits verstohlen-verschwörerisch darauf lauern wie ein Waran, sich diese Partei zur Beute zu machen. Andererseits immer wieder auch zu erkennen geben, welchen strategischen Plan sie verfolgen. ›Noch nicht!‹, sagen sie unisono ganz offen am Saalmikrofon, als sie gefragt werden, ob sie für Vorstandsämter kandidieren würden. Noch nicht: Das heißt, sie haben, damals in Essen, die Zeit für die Machtergreifung noch nicht als gekommen erachtet in dieser Partei. [...]

Und damit kommt man zum eigentlich furchtbaren Befund eines Landes mit einer AfD um die 20 Prozent: Während die Lucke-Leute, die Hans-Olaf Henkels, die klugen konservativen Intellektuellen wie Konrad Adam (dessen Lockenkopf immer mal wieder zu sehen ist in der Doku) der neuen Nazi-Partei angeekelt den Rücken gekehrt haben, sie also ihren bürgerlichen Kern verloren hat, ist der Zulauf der Wählerschaft immer größer geworden. Weil sich in diesem Land entsetzlicherweise eine besinnungslose Radikalisierung breit gemacht hat. Wie man sie exemplarisch auch an Hans-Georg Maaßen und dem früheren SPD-Politiker Mathias Brodkorb festmachen kann: der eine lange Jahre oberster Verfassungshüter dieses Landes, der andere über Jahre wackerer Finanzminister in Mecklenburg-Vorpommern, bis ihn Ministerpräsidentin Manuela Schwesig rausschmeißen musste. Da driften Leute ab, die es bei Sinnen besser wissen müssten. Und mal besser wussten.«

7. Vor einem Durchmarsch der extremen Rechten bei den Europawahlen?

Die Europawahlen haben traditionell in Deutschland bisher weniger Wähler an die Urne gebracht als in den jeweiligen nationalen und regionalen Wahlen. Man geht allerdings davon aus, dass die Zahl der Rechtspopulisten und Rechtsextremisten von gegenwärtig 139 der 705 Europa-Abgeordneten erheblich, gar über 200 Abgeordnete zunehmen werde. Dies gilt vor allem für die besonders extreme Fraktion »Identität und Demokratie«. In ihr sind bisher 59 rechtspopulistische und rechtsextreme Abgeordnete aus neun Mitgliedstaaten vertreten. Die stärkste Delegation kommt aus Italien (Lega mit 25 Abgeordneten), sodann der französische Rassemblement National (18 Abgeordnete). Die AfD hatte bisher neun Abgeordnete, die FPÖ aus Österreich drei.

Das könnte sich erheblich ändern. Allein die AfD dürfte ihr Ergebnis vervielfachen. Auch die Partei Marine Le Pens, deren Umfragewerte ebenso wie die der *FPÖ* (mit nach Umfragen weit über 30 %) und der niederländischen *Partei der Freiheit* auf über 30% hochgeschnellt sind, dürfte erheblich zulegen. Und ebenfalls die *Dänische Volkspartei*, die *Estnische Konservative Volkspartei*, die *Wahren Finnen*, die *Unabhängigen* (in Frankreich), die italienische *Lega*, die *Partei für die Freiheit* aus den Niederlanden sowie die tschechische *Freiheit und direkte Demokratie* können angesichts der letzten jeweiligen nationalen Wahlerfolge mit Stimmenzuwachs rechnen.

Außer dieser rechtsextremen und rassistischen Fraktion im Europäischen Parlament muss eine weitere rechtspopulistisch radikale Fraktion in den Blick genommen werden: *Europäische Konservative und Reformer* (EKR), die bisher 67 Abgeordneten umfasst. Die Fraktion hat sich um die polnische *PiS* (24 Abgeordnete) gruppiert, zu ihr gehören auch die postfaschistische *Fratelli d'Italia* der gegenwärtigen italienischen Ministerpräsidentin Georgia Meloni (bislang neun Abgeordnete) sowie weitere schwedische, spanische, tschechische, kroatische, belgische, bulgarische, griechische, lettische und litauische Rechtsparteien.

Auch für diese Parteiengruppierung wird mit besseren Ergebnissen und mehr Abgeordneten gerechnet.

Die rechtsextremen und rechtspopulistischen Faktionen könnten mit zusammen möglicherweise etwa 200 Abgeordneten etwa 25% des zukünftigen Europaparlaments mit insgesamt etwa 720 Abgeordneten stellen. Und beide Fraktionen stellen eine Gefahr für eine demokratisch geführte EU dar, denn ihn ihnen sind Parteien vertreten, die höchst ambivalent oder ablehnend gegenüber dem europäischen Projekt, der Verpflichtung zu Demokratie und Frieden eingestellt oder – wie große Teile der AfD – dem autokratischen Regime Russlands zugeneigt sind. Vor allem: Die AfD will mit dem das EU-Projekt zerstörenden »Dexit« die gescheiterte Strategie der Rechtspopulisten Großbritanniens mit ihrem »Brexit« wider alle Vernunft wiederholen.

Und bedenkt man, dass die einen illiberalen Umbau der demokratischen Institutionen betreibende *Fidesz-Partei* aus Ungarn noch bis zum März 2021 der Fraktion der Europäischen Volkspartei (EVP) angehörte, deren Vorsitzender der CSU-Mann Manfred Weber ist, der gelegentlich auch durch rechtspopulistische Äußerungen auffiel, dann dürfte klar sein: angesichts fehlender klarer Fraktionsgrenzen in den Parlamentsentscheidungen werden sich rechte Mehrheiten im Europaparlament bilden. Das ist angesichts der aktuellen Herausforderungen keine gute Entwicklung.

Denn die Probleme in der EU dürften noch weiter zunehmen. Die EU befindet sich seit Jahren im Krisenmodus; Finanz-, Euro- und Coronakrise werden dabei noch überschattet von der Klimakrise, die existenziellen Charakter für die gesamte Menschheit hat (siehe hierzu Viotto 2024) – ebenso wie der von der EU wesentlich mitfinanzierte Ukrainekrieg. Die Weltklimakrise erfordert ein massives politisches Umsteuern in kurzer Zeit, ähnlich dem von Präsident F.D. Roosevelt initiierten »New Deal« in den 1930er-Jahren für die USA, der zur Umsetzung seiner Politik die massive Gegenwehr durch die Schaffung von Arbeit und Wohlstand für breite Bevölkerungsschichten überwunden hatte und von einer gesellschaftlichen Aufbruchstimmung getragen wurde. Heute stehen wir vor der Herausforderung der Dekarbonisierung, die aber nur mit einer auch sozialen Transformation zu bewältigen ist, einschließlich einer Mindestlohnrichtlinie in der EU. Gebremst werden dürfte allerdings ein solch notwendiger umfassender Umbau zu einer sozial-ökologischen Kehrtwende durch den Stabilitäts- und Wachstumspakt der EU aufgrund der Maastricht-Kriterien.

8. Fazit: Masterpläne zum Umsturz

Es geht dem Machtzentrum der Partei um die Zerstörung der Nachkriegsrepublik. Eine fundamentale Abwehr der sogenannten Fremden zugunsten eines ethnisch sauberen, rassistischen Staats und einer entsprechenden Gesellschaft. Das ist das Ziel für die in Westeuropa am weitesten rechts stehende Partei. Die verschiedenen Gruppen der extremen Rechten sind sich darin einig, dass sie den Staat des Grundgesetzes und der Menschenwürde bekämpfen und zerstören wollen. Für ihre strategische Ausrichtung bedeutet dies, dass sie ohne Zuspitzung und ohne Gewalt ihre Ziele nicht durchsetzen können und dies in den Strategietexten formulieren. Dies geht für die Rechte offenkundig nicht ohne Anleihen aus dem ganz rechten Spektrum der Weimarer Republik.

Der Kern der AfD-Propaganda ist – neben ihrer grotesken Leugnung des Klimawandels – eigentlich ein sehr schlichter Dreischritt:

- Wir werden *erstens* als Volk durch »Kulturfremde« ausgetauscht und drohen unterzugehen. Es braucht daher einen Aufstand, eine nationale Revolution gegen den beschworenen »Volkstod« und für eine geschlossene deutschnationale Identität. Gauland beschwört eine gegen das deutsche Volk gerichtete »Politik der menschlichen Überflutung«. Wir müssten die Grenzen dicht machen und dann die grausamen Bilder aushalten. Um diesen vermeintlichen Untergang noch zu verhindern, brauche es
- *zweitens* ein »Grenzen dicht« und die Ausweisung aller »Kulturfremden«. Um das aber erfolgreich umzusetzen,

- braucht es *drittens* die ganze Macht gegen den angstvoll beschworenen Untergang. Dies aber kann nur geschehen, wenn man einen vollständigen Sieg, d.h. die vollständige Macht erringt, wie Höcke bereits in seiner Dresdner Rede 2017 deutlich formulierte. Ein klarer und totaler Anspruch auf die Führung und auf eine AfD, die die Macht übernehmen muss. Ein »vollständiger« Sieg ist hierbei immer der Sieg der AfD und der Sieg des Flügels um Höcke.

Daraus folgt ein aufeinander abgestimmter Angriff auf die Verfassung: gegen alle ethnischen und religiösen Minderheiten, gegen die für die Bundesrepublik konstitutive Auseinandersetzung mit dem Nationalsozialismus und zugunsten einer anderen deutschnationalen, ethnisch von sogenannten Fremden gereinigten Republik.

Seit Mitte des Jahres 2023, ungefähr ab dem Zeitpunkt, an dem der rapide Anstieg potenzieller Wähler*innen sichtbar wurde, machte die AfD dies zu einer konkreten Macht- und Umsturzstrategie. Innerhalb weniger Monate ging es nicht mehr nur um die einschlägige Kampfschrift Höckes, sondern um die in wenigen Monaten mehrfach aufgelegten Kampfschriften von Sellner und Krah. Die Mobilisierung für eine solche Umsturzstrategie geschah mit Blick auf die Landtagswahlen in Sachsen, Thüringen und Brandenburg im September 2024.

Dem Machtzentrum um Höcke, Jörg Urban und Kubitschek lassen sich u.a. Krah (Sachsen), Torben Braga, Stephan Brandner (Thüringen), Ulrich Siegemund, Hans-Thomas Tillschneider (Sachsen-Anhalt), Birgit Bessin, Jürgen Berndt und Hannes Gnauck (Junge Alternative), und immer noch – wenn auch indirekt als Nicht-Parteimitglied – Andreas Kalbitz (Brandenburg), die AfD-Landtagsfraktionen in Sachsen, Thüringen und Brandenburg und auch in Sachsen-Anhalt sowie große Teile der Bundestagsfraktion und sichere Mehrheiten in den Bundesparteitagen der letzten vier Jahre zuordnen. Die AfD – ein Ausdruck ist die Tagung in Potsdam zur Vorbereitung – stellt die Frage nach der totalitären Macht bereits bei den Landtagswahlen im Herbst 2024. Höcke will die Macht nicht nur in der Partei, sondern in Thüringen, ebenso Urban in Sachsen und die AfD in Brandenburg.

Mit den drei ideologischen Kampfschriften von Höcke, Sellner und Krah stellt das AfD-Machtzentrum um Höcke, Kubitschek, Urban und Krah die Machtfrage in den Wahlen 2024 und 2025.

Die Bürgerbewegung von Millionen von Menschen gewinnt erst dann den Kampf um die Demokratie, wenn der Partei von Zerstörung und Deportation in den Wahlen die Macht in Kommunen und Landtagen verwehrt wird. Dazu braucht es an jedem Ort, an dem gewählt wird, Initiativen für Kandidatinnen und Kandidaten, die glaubwürdig sind und für ihre Leute nachweislich was tun wollen. Da kann jeder mitmachen. So ist es in Nordhausen in Thüringen geschehen.

Und auf der Bundesebene braucht es keinen kleinteiligen Streit in ewiger Konkurrenz demokratischer Parteien, sondern eine gemeinsame Revision ihrer Politik, die tatsächlich die Probleme, die Menschen haben, aufgreift und glaubwürdig nach sozialen Lösungen sucht. Darum geht es und nicht um ein Verbot, das vielleicht, vielleicht aber auch nicht, in zwei oder vier Jahren entschieden wird, und schon gar nicht um die Grundrechtsverwirkung einer einzelnen Person.

Zweiter Teil: Kampf der AfD um die Macht im Osten

Die AfD ist eine der rechtsextremsten und rechtsradikalsten Parteien in Westeuropa, sie will eine völkisch ethnisch reine Republik und deswegen die ultimative Auseinandersetzung mit dem gegenwärtigen System. Sie will Destruktion und Zerstörung und damit in den Bundesländern beginnen, in denen sie die Macht in Wahlen erringen könnte. Sie wäre zwar demokratisch gewählt, aber eine antidemokratische Partei, in den Worten von Höcke eine »fundamentaloppositionelle Bewegungspartei«, die eine andere Republik durchzusetzen versuchen wird.

Die Strategen dieser Partei sind zu diesem fundamentalen Angriff entschieden, nicht nur Höcke in Thüringen und seine Stichwortgeber am Institut für Staatspolitik um Kubitschek, Benedikt Kaiser und die Zeitschrift »Sezession«, sondern auch Urban in Sachsen und Krah bei der Europawahl. 2024 sieht sich die AfD in diesen Wahlen auf der Siegerstraße und Urban, Krah oder Höcke wollen es wissen: Haben sie die Exekutive in der Hand, werden sie sie zu nutzen wissen. Auf dem Weg, die Demokratie zu zerstören, ist ihnen jedes Mittel recht, das Erfolg verspricht.

1. Ostdeutsche autoritäre Traditionen, wachsende Verunsicherung und radikale Optionen

Dass die AfD in Sachsen oder Thüringen an den Toren der Macht rüttelt, ist Resultat einer langfristigen Entwicklung aufgrund des Autoritarismus vor 1989 und falscher Versprechungen nach 1989, die zu einer großen Distanz zum demokratischen System beigetragen haben – und eine aktuell dramatische Krise des Politischen. Die Kriege in der Ukraine und im Nahen Osten, inflationäre Wohlstandsverluste, eine von Dogmen geprägte Ampelkoalition und schwere handwerkliche Fehler im Wirtschaftsministerium haben die Stimmenanteile der AfD innerhalb eines Jahres mehr als verdoppeln können.

Gewiss, diese Ergebnisse sind letztlich auch ein Resultat der autoritären Unterordnungserfahrungen aus der DDR. Aber umso entschiedener muss bezweifelt werden, dass das Angebot zur Demokratie den Menschen in der DDR zur Zeit der Wende angemessen vermittelt worden ist. Wenn sich erneut große Teile der Ostdeutschen als Bürger zweiter Klasse begreifen, hat dies auch mit den Bedingungen der Einigung zu tun.

Zu Recht war und ist in den ostdeutschen Wahlkämpfen die Rede von realen Ungleichheitserfahrungen: Es gibt erhebliche Unterschiede bei Jobs, Internet, Bildung und Versorgung. Die Ausstattung mit schnellem Internet ist trotz großer Versprechungen schon von vor zehn Jahren durch die Regierungspartei SPD in Brandenburg immer noch nicht angemessen verwirklicht. Lange Zeit war es auch in Brandenburg vorherrschende Politik, Leuchtturmprojekte zu unterstützen und so das flache Land mit immer weniger Bussen, Ärzten, Anbindungen und Schulen aus vermeintlich ökonomischen Gründen zu vernachlässigen. In diesen Regionen ist in der Regel die AfD stärker als anderswo. Nach dem Rat kluger Ökonomen wurden Schwerpunkte gebildet und das Land vernachlässigt. Mit den sogenannten Leuchttürmen konnte man sich sehen lassen, ob in Jena in Thüringen, in Dresden mit dem Wiederaufbau der Kirche oder in Brandenburg.

Zugleich wird wahrgenommen, dass eine Angleichung der Renten aussteht und diese für einen beträchtlichen Teil auch der Frauen zu knapp bemessen sind und dass jedes fünfte Kind in Armut aufwächst. Nach dem von der Bundesregierung veröffentlichten Teilhabe-Atlas erreicht die Lebenserwartung von Neugeborenen in abgehängten Regionen nur 79,7, in reichen Großstädten und ihren Speckgürtel 81,7. Besonders prekär: in abgehängten Regionen liegt der Anteil aller Schulabgänger ohne Abschluss um 50% höher als in reichen Großstädten und ihren Speckgürteln, nämlich bei 9%. Vielleicht die größte Gefahr: Wenn es schlecht läuft, könnte eine Abwärtsspirale aus sinkenden Einwohnerzahlen und schwindender Versorgung die Situation weiter verschärfen.

Die »Wende« ist noch immer für viele mit dem Gefühl verbunden, benachteiligt worden zu sein. Keine linksradikale Propaganda, sondern beobachtbar und von jemand wie Helmut Schmidt als berechtigtes Gefühl immer wieder betont: Er verstehe, dass die Ostdeutschen sich als Bürger zweiter Klasse fühlen. Viele Menschen in Ostdeutschland hatten sich eine bessere ökonomische und politische Entwicklung gewünscht und haben nun keine Hoffnung mehr, dass eine der demokratischen Parteien ihre Enttäuschung auflösen könnte.

Von besonderer Bedeutung ist die Treuhanderfahrung – eine Erfahrung, die darin besteht, dass der solvente Westen die Substanz in der ehemaligen DDR aufgekauft und nicht selten auch stillgelegt hat, wie Dirks Laabs in seiner Studie deutlich macht: »Die Treuhand und die damalige Bundesregierung haben immer versucht, das letzte Wort in Sachen Treuhand zu haben. Sie haben der Öffentlichkeit versichert, dass im Großen und Ganzen alles mit rechten Dingen zugegangen sei.« (Laabs 2012: 344) Es sei Zeit, dies mit Fakten zu belegen, fordert er. Das Bundesfinanzministerium müsse zulassen, dass ein neutrales Urteil über die Geschichte der Treuhand gesprochen werde, sonst bleibe die Treuhand immer eine schwelende Wunde, die das Klima in einem Land vergiftet, das eigentlich vereint sein sollte. Und er schreibt »Je stärker betont wird, das Land sei Schrott gewesen, desto stärker identifizieren sich viele Ostdeutsche aus Trotz mit der alten DDR. Die Ostdeutschen haben ein Anrecht darauf, dass ihnen erklärt wird, warum die Treuhand mit dem Verkauf der gesamten ostdeutschen Volkswirtschaft nur 34 Milliarden € erzielt hat. Etwas mehr als 50 Milliarden € hat die Versteigerung einer Mobilfunklizenz erbracht.« (Ebd.: 341; zur Treuhand und der Wahrnehmung durch die Betroffenen siehe auch Vinke 2021)

Autoritäre Dynamiken gegen Demokratie und Minderheiten sind in den ostdeutschen Bundesländern relativ stabil und damit die Chancen einer Stärkung demokratischer Kultur und Parteien im entscheidenden Wahljahr 2024 prekär. Jedenfalls zeigt das die vielleicht wichtigste Studie zur Wahrnehmung der Ostdeutschen, die das Else-Fraenkel-Brunswick-Institut der Universität Leipzig erstellt hat. Im Rahmen dieser Studie wurden 3.546 Menschen befragt (vgl. Decker/Kiess/Brähler 2023). Ein Großteil der Befragten sieht sich ohne politischen Einfluss. Dem entspricht, dass die Identifizierung als Ostdeutsche hoch und die Bilanz der Wende durchwachsen ist. Zwei Drittel halten es für sinnlos, sich politisch zu engagieren, da sie glauben, wenig Einfluss auf die Regierung zu haben. Nicht einmal die Hälfte möchte sich als Gewinner bezeichnen, ein Viertel versteht sich ausdrücklich als Verlierer der Wende.

Es ist eine aus dieser Zeit herrührende doppelte Enttäuschung über die ökonomische Entwicklung und die Chancen demokratischer Beteiligung, die zu einer Entfremdung gegenüber der Demokratie und zur autoritären Identifizierung mit einer starken Partei einerseits und andererseits zu einer entschiedenen Abwehr dessen führt, was als fremd gilt. Nach der Studie werden chauvinistische und ausländerfeindliche Aussagen nur von einer Minderheit der Befragten abgelehnt. Antisemitischen und sozialdarwinistischen Statements stimmen ein Drittel der Bevölkerung vollständig oder teilweise zu. Besonders ausgeprägt sei diese Zustimmung in den Bundesländern Sachsen, Sachsen-Anhalt und Thüringen. Jeder zweite wünscht sich eine starke Partei, die die Volksgemeinschaft insgesamt verkörpert. Statt pluralistischer Interessenvielfalt werde sich eine völkische Gemeinschaft gewünscht, so der Mitverfasser Elmar Brähler. Extrem rechte Parteien haben daher mit ihren ideologischen Angeboten zahlreiche Anknüpfungspunkte.

Das zentrale Thema der AfD ist die Zuwanderung (vgl. Detje 2024). Es geht um Migration, um in einer Art Zeitenwende mit den Landtagswahlen weitere Geländegewinne zu erzielen. Die Allparteien-Koalition in Sachen Asyl und Migration signalisiert gerade den Wähler*innen der extremen Rechten, dass ihre Partei die richtigen Themen zur Sprache bringt. Die absehbaren Verschiebungen in den ostdeutschen Ländern sind so gravierend, dass sich eine linksliberale ökologische Mehrheitsposition nicht abzeichnet, ebenso wenig ein Regierungsbündnis von SPD, Grünen und FDP oder eine Große Koalition. Angesichts der Stärke der AfD müssten SPD und CDU die Grünen und oder Die Linke mit ins Boot nehmen. Richard Detje hat recht: Der Bürgerblock steht unter Druck – im Herbst wird sich zeigen, wie weit er sich nach rechts öffnet. Der Druck, sich selbst populistischer Ansprachen zu bedienen, ist längst gegeben. Halb offen wird darüber nachgedacht, ob man eben doch die AfD als Bündnispartner akzeptiert.

Richard Detje verweist auf die Kontrollverluste und ihre lange Entstehungsgeschichte, die zu fortschreitenden Spaltungen der Gesellschaften in den neoliberalen Systemen führt. Mit den Kontrollverlusten wachsen erfahrene oder wahrgenommene Widersprüche. Es kommt zur Einbuße an Gewissheiten und klaren Zukunftsentwicklungen, erst recht unter dem Druck von Krisen, die ins Autoritäre führen, welche zur Reduzierung von ökonomischer, sozialer und politischer Komplexität beitragen. Immerhin hat »gruppenbezogene Menschenfeindlichkeit« in Deutschland bereits seit Langem einen Resonanzboden in einem Fünftel der Bevölkerung, der erst spät einen parteipolitischen Ausdruck in der AfD gefunden hat.

Kontrollverluste führten zur Infragestellung der zunächst für vertrauenswürdig erklärten institutionellen Ordnung, gewissermaßen eines impliziten Gesellschaftsvertrags. Dies mag so lange gut gehen, wie die Untertanen sich mit sozialer Ungleichheit abfinden, wenn sie Gegenleistungen erhalten, die der Gewährleistung von Sicherheit zu dienen scheinen. Mit den schwachen Leistungen der Ampelkoalition, dem fast vollständigen Verlust an Glaubwürdigkeit verliert aber die vorherrschende Legitimation rapide an Kraft. Stattdessen wächst die Polarisierung in *wir gegen die*, gegenwärtig noch am Beispiel der Migration als erstem Schritt einer völkischen Radikalisierung nach rechts. Aufgrund der sozialökonomischen Krisen und der institutionellen Schwächen der Demokratie auf allen Ebenen erodiert der Glaube, dass Versprechen gehalten werden. Dies ist besonders deutlich in den ostdeutschen Bundesländern zu beobachten.

2. Szenarien einer AfD-Regierung in Thüringen

In Thüringen wurde im Jahr 2020 deutlich, wie schnell eine Partei, die sich die Zerstörung der Weimarer Republik positiv als Vorbild nimmt, die demokratischen Verhältnisse erschüttern kann, wenn die demokratischen Parteien dem nicht anders als bisher gegenübertreten. Die AfD hatte die Gelegenheit bekommen, das Zünglein an der Waage bei der Wahl des neuen Ministerpräsidenten spielen zu können. Die CDU wollte weder mit der AfD noch mit der Linkspartei Verabredungen treffen. Im Ergebnis kam es zur Wahl des FDP-Kandidaten Thomas Kemmerich mit den Stimmen der AfD, bevor dieser nach massiven Protesten – unter anderen der damaligen Bundeskanzlerin Angela Merkel – wieder zurücktreten musste.

Die Höcke-AfD konnte erfolgreich sein, weil der CDU und der FDP in Thüringen der Kompass durch die angeblich magnetische Wirkung der Hufeisen-»Theorie« außer Kraft gesetzt worden ist.[17] Es hängt am Kompass der CDU als konservativ, liberaler und sozialer Integrations-(Volks-)Partei, ob wir auch unter ganz anderen ökonomischen, politischen und kulturellen Bedingungen als in den 1920er-Jahren in Weimarer Verhältnisse schlittern können. Gerhart Baum sprach in diesem Zusammenhang von einem »Hauch von Weimar«. Die Situation der Bundesrepublik ist zwar stabiler durch ein anderes ökonomisch-politisches Krisenmanagement sowie einer weit gediehenen europäischen Integration und durch multilaterale Bündnisse. Berlin ist nicht Weimar, so sehr es auch die propagandistische Absicht der AfD ist, die Demokratie in Deutschland heute wie die der Weimarer Republik an ihrem Ende für tot zu erklären. Aber die inzwischen kumulativen Krisen, die Tatsache zweier neuer Kriege, die nach

[17] Nach dieser Theorie würden sich extrem rechte und extrem linke Ränder gegen die Demokratie magnetisch anziehen und deshalb dürfe die CDU mit keinem der beiden Ränder kooperieren – das ist eine ziemlich absurde Theorie, erst recht unter thüringischen Bedingungen, wo die Partei Bodo Ramelows einen pragmatischen Reformkurs verfolgt.

Europa hereinreichen, sowie eine weithin als ineffizient wahrgenommene Exekutive und der Aufstieg der rechtsextremen AfD sind deutliche Warnsignale, die nicht überhört werden dürfen.

Eine Regierung mit entscheidendem Einfluss der rechtsextremen AfD auch nur in einem Bundesland würde politisch, ökonomisch, rechtlich und kulturell im Sinn einer völkisch ethnisch reinen Republik das Land verändern. Und sie würde die Demokratie im Sinne einer »Illiberalisierung« nach dem Vorbild Ungarns und in Polen unter der PiS-Partei abbauen, sich u.a. gegen weitere Migration richten, das Landesverfassungsgericht (und die Landesverfassung) infrage stellen und gewaltförmige »Bedrohungsallianzen« (Wilhelm Heitmeyer) gegenüber missliebigen Gegnern und nicht zuletzt Migrantinnen und Migranten forcieren. Um dies zu verhindern, braucht es nicht nur eine Brandmauer, sondern eine strategische Übereinkunft aller demokratischen Parteien einschließlich der Partei Die Linke zur Sicherung des durch Rechtspopulismus und Rechtsextremismus gefährdeten Pluralismus.

Deshalb ist es wichtig, dass etwa der Journalist Maximilian Steinbeis auf seinem »Verfassungsblog« ein »Thüringen-Projekt« betreibt, und dort aufzeigt, »welche Spielräume eine autoritär-populistische Partei auf Landesebene hätte, um ihre Macht zum Schaden der Demokratie einzusetzen und sich im Falle einer Regierungsübernahme oder -beteiligung gegen rechtsstaatliche Bindungen und Kontrolle, demokratischen Wettbewerb und öffentliche Kritik zu immunisieren«. Das »Thüringen-Projekt« untersucht präzise die Spielräume, die etwa die rechtsextreme AfD bekäme, hätte sie ganz oder teilweise die Macht.[18]

Es könnte die Axt an das öffentlich-rechtliche Rundfunk- und Fernsehsystem gelegt werden, was in einem oder sogar zwei Bundesländern möglich wäre: etwa die Auflösung des MDR, was Fol-

---

[18] Dass die Demokratie von rechtsautoritär-populistischen Parteien angegriffen oder gar in wesentlichen Teilen zerstört wird, zeigen die Beispiele in den Vereinigten Staaten am Ende der Präsidentschaft von Donald Trump, die Politik der PiS in Polen oder der Umbau der ungarischen Demokratie unter der langjährigen Führung der von Viktor Orbán dominierten Fidesz Partei (mit dem dortigen Projekt einer »illiberalen Demokratie«).

gen für die ARD und auch das ZDF hätte, beide von der AfD ohnehin sehr verpönt. So würde versucht, die Medien unter Kontrolle zu bringen, um eine gefällige Berichterstattung über die Regierung an der Macht zu bewirken oder zu erhöhen. Erfolgreich ist dies für einen längeren Zeitraum in Polen sowie in Ungarn geschehen. In Thüringen könnte der Medienstaatsvertrag aufgekündigt werden und so das bisherige einigermaßen in seiner aufklärenden Funktion funktionierende öffentlich-rechtliche System erschüttert werden. Man kann wie in Polen und Ungarn gezielt staatliche Anzeigen schalten, bestimmte Medien damit fördern, andere ihrer Finanzkraft berauben und befreundete Unternehmen dann diese Medien übernehmen lassen.

Von besonderem und kaum lösbarem Konfliktstoff wäre die Umsetzung einer Null-Migrationspolitik in einem Bundesland – etwa mit dem Verweis auf die Grenzen der Aufnahmekapazität und einer unterstellten Nicht-Integrationsfähigkeit der Geflüchteten. Dann müsste die Bundespolizei gegen die Landespolizei zur Durchsetzung der bundesweit verabredeten Regelungen eingesetzt werden, bürgerkriegsähnliche Unruhen nicht ausgeschlossen.

Rechtsautoritäre Mehrheiten können einen spezifischen Gebrauch vom Verfassungsrecht machen. Sie können zum Beispiel das thüringische Verfassungsgericht dadurch umbauen, dass sie einen vorzeitigen Ruhestand entscheiden, die Zahl von Richter*innen, die Zahl der Mitglieder eines Gerichts erhöhen oder eine 2. Kammer schaffen, und ein ihnen angenehmes bzw. politisch befreundetes Personal einsetzen und so die bisherige Kontrollfunktion der Judikative reduzieren oder gar löschen.

Hinzu kommt: Wenn eine antidemokratische Partei mehr als ein Drittel der Abgeordneten eines Parlaments hat, können Entscheidungen blockiert werden, die mit einer Zweidrittelmehrheit abgestimmt werden müssen. Sie haben dann eine für unser demokratisches System entscheidende Sperrminorität.[19]

---

[19] Man stelle sich außerdem vor, AfD-Richter*innen würden am höchsten Gericht des Landes urteilen – eine beängstigende Vorstellung, die durch-

Nach bisherigem Stand haben die rechtsextrem geprägten Landesverbände der AfD dies in den Ländern, in denen sie die Macht erringen können, vor. Ihre Politik ist destruktiv und will die repräsentative liberale Demokratie im Kern angreifen. Die AfD-Landesverbände von Thüringen und Sachsen sind zu Recht vom Bundesamt für Verfassungsschutz bzw. den entsprechenden Landesämtern für gesichert rechtsextremistisch erklärt worden und stellen damit eine Gefahr für das Bestehen der Demokratie dar. Es geht ihnen um einen direkten Einfluss auf Öffentlichkeit und Meinungsbildung, umso in ihrem Sinn die gegnerischen demokratischen Parteien weiter zu schwächen bzw. zu marginalisieren.

Sie wählen dazu Themen, die besonders umstritten sind wie die Frage der Migrationspolitik ebenso wie die Frage von Krieg und Frieden. Sie geben vor, eine ökonomische Politik des »Deutschland-zuerst« zu betreiben. Mit ihrem Angriff auf das System von Checks and Balances, das bisher mit Konsens und Pragmatik funktionierende gewaltengeteilte System, stellen sie die Machtfrage schon durch die Erringung der Macht in einem Bundesland. Wir befänden uns in einer zerstörerischen Kluft zwischen Ländern und Bund über wesentliche Gegenstandsbereiche lokaler und nationaler Politik.

Wie in den anderen ostdeutschen Bundesländern ist das Ausmaß fremdenfeindlicher Einstellungen auch in Thüringen mit 30,6% hoch, auch der Post-Shoah-Antisemitismus mit 48,6% und die Zustimmung zu antimuslimischen Aussagen mit 48,9%. Innerhalb von zwei Jahren sind nach der Messung des Thüringen-Monitors fremdenfeindliche und nationalistische Einstellungen von 29% auf 35% angestiegen.

Die Verbreitung von Ideologien der Ungleichwertigkeit und des gruppenbezogenen Ressentiments läuft parallel mit dem

---

aus Realitätsgehalt hat: Schneidet die AfD bei der nächsten Bundestagswahl sehr gut ab, dann könnte sie das Bundesverfassungsgericht massiv schwächen und möglicherweise sogar eigene Richter*innen entsenden. Schafft es die AfD, ihre Leute dort zu installieren, können die Rechtsextremen ihre Umsturzpläne aus dem Herzen der Justiz vorantreiben.

Rückgang der Demokratiezufriedenheit von 65% im Jahr 2021 auf nunmehr 49% der Befragten. Wie in den anderen östlichen Bundesländern glauben 80%, keinen Einfluss auf die Regierung zu haben. Die innere Erosion demokratischer Kultur und Demokratie insgesamt sowie das weitere Erstarken der AfD scheinen parallel zu verlaufen. Die Zustimmungswerte für die AfD sind Anfang 2024 auf weit über 30% angestiegen. Diese Partei ist in diesem Sinn Symptom und Katalysator, und dies vor dem Hintergrund miteinander verbundener Krisenentwicklungen und eines wachsenden Transformationsdrucks.

Nach der einschlägigen Erfassung rechtsextremer Gewalt durch die Beratungsstelle für Betroffene rechter, rassistischer und antisemitischer Gewalt in Thüringen (ezra.de) und andere ist – ähnlich in den anderen untersuchten ostdeutschen Ländern – die Gewaltzahl im letzten untersuchten Jahr 2022 massiv angestiegen: »Für das vergangene Jahr registrierte ezra […] einen neuen Höchststand rechter und rassistischer Gewalt in Thüringen. Insgesamt wurden 180 Angriffe gezählt, von denen mindestens 374 Menschen direkt betroffen oder mitangegriffen waren. Durchschnittlich waren das drei Angriffe pro Woche mit mindestens sieben Betroffenen […]. Die höchste Zahl an Angriffen im unabhängigen Monitoring von rechter, rassistischer und antisemitischer Gewalt wurde bisher im Jahr 2018 mit 169 Fällen registriert. Erneut hat sich 2022 eine enorme Brutalität gezeigt. In fast dreiviertel der Fälle handelt es sich um Körperverletzungsdelikte. Gefährliche Körperverletzungen haben sogar zugenommen. Von einer hohen Dunkelziffer, insbesondere im ländlichen Thüringen, muss weiterhin ausgegangen werden. Schwerpunkt rechter und rassistischer Gewalt bleibt Erfurt. Im Vergleich zu 2021 hat sich die Zahl mit 53 Angriffen fast verdoppelt. Im Durchschnitt gab es jede Woche einen rechten oder rassistischen Angriff in der Landeshauptstadt. Nach Erfurt folgen Jena und Gera mit jeweils 21 Angriffen, wobei sich die Angriffe in Gera mehr als verdoppelt haben. Insbesondere im Ilm-Kreis gab es mit 15 Fällen einen massiven Anstieg. In Weimar liegt die Zahl auf Vorjahresniveau.« (Zobel 2023: 12f.)

Im Vergleich zu anderen ostdeutschen Bundesländern hat es in der Entwicklung nach rechts – und auch in den Grenzen gegenüber rechts – dramatische Brüche gegeben. In den 1990er-Jahren war die CDU-Regierung offen gegenüber rechtsextremen, vor allem neonazistischen Formationen wie die des »Thüringer Heimatschutzes« unter dem prominenten V-Mann Tino Brandt, sodass es zu einer Explosion von Rassismus und Gewalt an vielen Orten Thüringens gekommen war. Die mangelnde Gegenwehr von Teilen der politischen Klasse hat die Rechtsextremisten so befördert, dass sich aus ihnen das Terrornetzwerk »Nationalsozialistischer Untergrund« in Jena hat bilden können, ehe diese mithilfe von staatsnahen Institutionen in den Untergrund gehen und ihr Unwesen im benachbarten Sachsen, in Chemnitz und Zwickau weitertreiben konnten (vgl. Funke 2015 und 2018).

Die 1990er-Jahre waren ein Jahrzehnt rassistischer Unkultur in Thüringen, hingenommen und teils gefördert von Teilen des Staatsapparats. Auch das hat schließlich zum Regierungswechsel zu einer rot-rot-grünen Koalition (r2g) mit dem Ministerpräsidenten Bodo Ramelow von der Partei Die Linke geführt, der schon früh als Gewerkschafter vehement gegen die oft ungerechtfertigten Schließungen von Werken opponiert hatte. Michael Ebenau, ehemaliger IG-Metall-Gewerkschaftssekretär in Jena, schrieb in seinem Beitrag »Die Landtagswahlen Thüringen 2024« (Ebenau 2024: 5ff.):

»2014 sank das addierte Ergebnis für r2g um sechs Prozentpunkte, wurde nun aber zur Ablösung der CDU genutzt. Mit der AfD zog parallel eine extrem rechte Partei in den Landtag ein, sie war unter Björn Höcke längst auf dem Weg hin zur offen rassistischen und völkischen Bewegungspartei. Bei der Wahl 2019 konnte die AfD ihr Ergebnis auf über 23% verdoppeln und griff erstmals nach der Macht, gemeinsam mit CDU und FDP wurde Thomas Kemmerich zum Ministerpräsidenten gewählt. Unter dem Druck der zivilgesellschaftlichen Empörung, die bis in die Parteivorstände von CDU und FDP hineinwirkte, trat er nach wenigen Tagen zurück und machte einer rot-rot-grünen

Minderheitenregierung Platz, die von Fall zu Fall von der CDU gestützt wurde.« (Ebd.)

Inzwischen hat sich das Vertrauen in die staatlichen Institutionen rückläufig entwickelt, demokratiegefährdende Einstellungen aber haben sich ausgedehnt. Im Frühjahr 2024 ist den Umfragen zufolge nicht klar, wie es zu einer Regierung ohne AfD kommen kann. Letztere ist zwar nach Umfragen im Frühjahr 2024 auf unter 30% gerutscht, die CDU liegt aber nur bei 20%, Die Linke nur noch bei 16%, die SPD bei unter 10%, das neu gebildete Bündnis Sahra Wagenknecht bei über 10%. Bisher ist nicht klar, ob die CDU Thüringen, die eine Schlüsselrolle bekommen dürfte, aufgrund ihrer internen Spannungen nicht doch die nach außen gepflegte Brandmauer gegenüber der AfD einreißen könnte. Ansonsten müsste sie mit SPD, Linke und dem BSW zusammen eine Regierung bilden wollen.

»Peter-Reif Spirek, langjähriger stellvertretender Leiter der Landeszentrale für politische Bildung Thüringen konstatiert, dass ›r2g offensichtlich die lebensweltliche Verankerung in den ländlichen Regionen‹ fehlt. Folge seien schwache Wahlergebnisse des gesamten nicht-konservativen Lagers, faktisch seien ›die politischen Kommunikationsflächen zu beachtlichen Teilen der Bevölkerung verloren‹.« (Ebd.)

Als Fazit seiner Analyse verweist Michael Ebenau zu Recht auf Parallelen zur Entwicklung in der Weimarer Republik: »Vor genau 100 Jahren erschien den damaligen bürgerlichen Parteien in Thüringen schon einmal ein Politikwechsel geboten: Nach dem kurzen Intermezzo einer Landesregierung aus SPD und KPD bildeten sie die Liste ›Thüringer Ordnungsbund‹ und kandidierten dort gemeinsam. Als der Ordnungsbund bei der Wahl am 10. Februar 1924 keine Mehrheit erhielt, sicherte er sich durch erhebliche Zugeständnisse die Tolerierung durch die Ersatzorganisation der damals in Thüringen verbotenen NSDAP. So erhielt die extreme Rechte 1924 erstmals Verantwortung für das Handeln einer Landesregierung. Ob die CDU Thüringen 2024 Lehren aus der Geschichte zieht, ist alles andere als sicher.« (Ebd.)

3. Sachsen als rechtsextremistischer Hotspot

Anfang Januar 2024 hatte Infratest dimap für die AfD in Sachsen eine Erhöhung um 4% innerhalb von vier Wochen ausgerechnet, danach käme sie auf stabile 35%, die CDU auf 30%, das damals noch nicht gegründete Bündnis Sahra Wagenknecht auf 8%, die SPD und die Grünen auf 7%, Die Linke würde knapp an der Fünf-Prozent-Hürde scheitern. Wie verfestigt die Orientierung an der AfD ist, zeigt, dass die auch in Sachsen erfolgten Demonstrationen gegen rechtsextrem (und die AfD) bisher zu keiner sichtbaren Veränderung der Haltung gegenüber der AfD geführt haben.

Nach einer Umfrage des Leipziger Else-Frenkel-Brunswik-Instituts (EFBI) (vgl. Kiess/Kalkstein/Decker 2023) ist denn auch das Ausmaß der extrem rechten Orientierungen in Teilen der sächsischen Bevölkerung besonders groß. Das Gefühl, keinen Einfluss auf demokratische Entscheidungsprozesse nehmen zu können, haben 80,5% der Befragten, zwei Drittel halten es für sinnlos, sich politisch zu engagieren. Nach den Autoren ist die Abwertung der Demokratie mit motiviert durch den Wunsch nach Identifizierung mit der Macht einer aggressiven Autorität, die der eigenen Selbstaufwertung dient, die Ohnmachtserfahrung zu reduzieren scheint und Gewalt gegen andere legitimiert. Der Wunsch nach starker Führung korrespondiert mit der Wahrnehmung, dass demokratische Aushandlung und Kompromissfindung als schwach erlebt werden.

Dem Ende Januar 2024 vorgestellten »Sachsen Monitor 2023« entnehmen wir ebenfalls eine sich fortsetzende und verstärkende Dynamik des Vertrauensverlustes in die Bundesregierung und das Funktionieren der Demokratie. Die damit verbundenen Frustrationen, Enttäuschungen verbinden sich mit ohnehin gegebenen Ressentiments, sodass Vorurteile gegen Arbeitslose, Migrantinnen und Migranten auf ein noch nie da gewesenes Ausmaß angewachsen sind, die von den Anführern einer besonders rechtsextremen AfD in Sachsen wie Urban, dem Kandidaten für die Landtagswahlen, und Krah, dem Spitzenkandidaten für die Europawahlen, mobilisiert und missbraucht werden.

Mit 37% ist der Anteil der Menschen mit einem manifesten und geschlossenen extrem rechten Weltbild sehr hoch und die Ausländerfeindlichkeit in Sachsen im Vergleich der ostdeutschen Länder am höchsten; mit 55% ist die Muslimfeindschaft unter allen ostdeutschen Bundesländern in Sachsen am stärksten ausgeprägt. Diese Zahlen legen es nahe, dass eigene Schwächen und Ohnmachtserfahrung aggressiv auf Ausländer*innen und Muslim*innen als »Sündenböcke« projiziert wurden. Laut Sachsen-Monitor 2023 sind 64% der Ansicht, die Bundesrepublik sei durch die vielen Ausländer »in einem gefährlichen Maß überfremdet«. Das sind 24 Prozentpunkte mehr als noch vor zwei Jahren. Die Asylpolitik und die »Überfremdung« werden von 25% als wichtigstes Problem genannt (+21). »Auch vor Verschwörungserzählungen sind die Sachsen nicht gefeit. 47% meinen, die Regierung verschweige der Bevölkerung die Wahrheit. 43% gehen davon aus, dass Politiker nur Marionetten dahinterstehender Mächte sind. Die Aussage ›Die Medien und die Politik stecken unter einer Decke‹ bejahten 42%. 36% glauben an geheime Organisationen, die großen Einfluss auf politische Entscheidungen haben.«

Parallel und korrespondierend nimmt das Vertrauen in die Demokratie und vor allem in die Bundesregierung dramatisch ab: »Besonders drastisch ist der Vertrauensverlust bezogen auf die Bundesregierung. 82% der Sachsen haben wenig oder gar kein Vertrauen in die Ampel-Koalition. Das sind 26% mehr als beim vorherigen Sachsen-Monitor. Bei der Landesregierung in Sachsen hält sich das Misstrauen noch in Grenzen, gaben doch 44% der Befragten an, sehr großes oder großes Vertrauen zu haben. Das sind neun Prozentpunkte weniger als bei der letzten Befragung. Nur 15% (-11) vertrauen noch den Medien. Auch das Vertrauen in andere Institutionen schwindet. 79% (+15) haben den Glauben in die Kirchen verloren. Das EU-Parlament und die Europäische Kommission genießen bei 80% der Befragten kein Vertrauen.«[20]

---

[20] Die Welt vom 25.1.2024. Der Bericht enthält weitere Angaben zur Einschätzung der eigenen wirtschaftlichen Lage, zu Bildung und zum Stolz der Sachsen auf ihr Land. Außerdem wird berichtet, dass »Ministerpräsident

Das forciert eine alltägliche politisch motivierte Gewalt von rechts und macht sie »legitim«.

In Sachsen war schon für das Jahr 2022 laut taz vom 30.3.2023 ein Anstieg rechter Gewalt zu verzeichnen. »Nachdem die Anzahl der rassistischen und rechtsmotivierten Angriffe in Sachsen 2021 leicht zurückgegangen war, ist sie im vergangenen Jahr um 8% gestiegen. Die Opferberatungsstellen zählten 205 Angriffe mit insgesamt 314 Betroffenen, darunter 44 Jugendliche und 24 Kinder. Das geht aus der Jahresstatistik 2022 vor, die die Regionale Arbeitsstelle für Bildung, Integration und Demokratie Sachsen (RAA) am Donnerstag in Leipzig vorgestellt hat. Demnach ist es 2022 im Freistaat mindestens jeden zweiten Tag zu einem rechtsmotivierten Angriff gekommen. [...] Neben den zwei Brandstiftungen an den Asylunterkünften zählten die Opferberatungsstellen der RAA 147 Körperverletzungen sowie 45 Nötigungen und Bedrohungen. Knapp die Hälfte der 205 Taten seien rassistisch motiviert gewesen, heißt es in dem Bericht. 51 Delikte hätten sich gegen politische Gegnerinnen gerichtet, 23 gegen Nichtrechte und Alternative, 21 gegen queere Menschen. Damit sei die Zahl der Angriffe gegen LGBTIQ* im Vergleich zu 2021 um 163% gestiegen. Wie aus dem Bericht hervorgeht, handelte es sich bei diesen Taten vor allem um Körperverletzungen. [...] Zu den meisten Angriffen 2022 kam es laut der RAA in den Städten Dresden (64), Leipzig (50) und Chemnitz (14) sowie den Landkreisen Nordsachsen (14), Bautzen (13), Zwickau (13) und Leipzig (10). ›Der Landkreis Nordsachsen war zusammen mit dem Landkreis Leipzig in den vergangenen Jahren immer wieder eine Schwerpunktregion, ebenso Zwickau und Bautzen. Das hat auch mit einer rechten Raumnahme in den dortigen

---

Michael Kretschmer (CDU) [...] am Dienstag ein[räumte], dass die Ergebnisse des Sachsen-Monitors die Regierung nachdenklich gestimmt hätten. Er sah in den Ergebnissen einen Beleg dafür, wie weit die zerstörerische Kraft gegen wichtige Institutionen schon fortgeschritten ist. Eine Politik des gesunden Menschenverstandes werde dazu führen, dass es im nächsten Sachsen-Monitor wieder bessere Werte gibt.«

Klein- und Mittelstädten zu tun‹, sagte der Geschäftsführer der RAA, Robert Kusche.«

Damit korrespondiert eine entsprechende Gewaltbereitschaft, die schon eine Geschichte hat. Denn bereits in der Zeit des NSU-Terrors wurde in sächsischen Städten das organisierte gewaltbereite Netz der Rechtsextremen sichtbar. Neonazistische Gruppen organisieren sich bis heute im Sportkontext, im Stadion wie auch im Kampfsport. Mit der Firma PC Records ist eines der wichtigsten Rechtsrock-Labels in Sachsen ansässig.

Mit der demonstrativen Verbindung der ostdeutschen Führung der AfD mit den Rechtsextremen um »Pro Chemnitz« und den terroristischen Hooligans war am 1. September 2018 die sächsische AfD – schon damals unter Jörg Urban – auffällig geworden. Sie hatte mit diesem Fanal eine nächste Welle von Gewalt und Terror ausgelöst. Zwei Wochen später griff die neu gegründete terroristische Vereinigung »Revolution Chemnitz« Geflüchtete an, wiederum zwei Wochen später wurden acht Mitglieder dieser Gruppe verhaftet – eine Mischung aus jungen und älteren Gewaltkadern aus dem gefürchteten »Sturm 34« im benachbarten Mittweida in Sachsen.[21]

Ähnliches geschah und geschieht bis heute auch im ländlich geprägten Erzgebirge: Von rechtsesoterischen Siedlern bis zur neonazistischen Black-Metal-Szene gibt es eine Vielzahl von Angeboten, die sich nicht selten an die breite Gesellschaft richten und zu einer großen Akzeptanz der extremen Rechten geführt haben. Auch Heimatvereine und extrem rechte Wahlvereinigungen spielen eine wichtige Rolle im Erzgebirgskreis. Auch Ostsachsen war von einer ganzen Kette von Aktivitäten, Bewegungen und gewaltbereiten Strukturen durchzogen. Ein Hotspot befindet sich südöstlich von Dresden östlich der Elbe in der Sächsischen Schweiz von Pirna bis Sebnitz. In Pirna ist jüngst der AfD-Kandidat zum Oberbürgermeister gewählt worden.

---

[21] Alexander Gauland verschob damals das »Sagbare«, indem er in einer Wortmeldung nach Chemnitz davon sprach, Hass sei keine Straftat. So wird alle Gewalt legitim.

Ein weiterer Hotspot findet sich rund um Görlitz, Bautzen und Zittau. In diesen Regionen trifft sich seit Corona eine »Querfront« von diffusen Protesten, in der den Autoren des erwähnten Leipziger Instituts zufolge Verschwörungsideologien weit verbreitet sind und die Teilnehmer keine Berührungsängste haben, Seite an Seite mit Fahnen der »Freien Sachsen« und Trägern anderer extrem rechter Symbole aufzutreten. Aber auch in Mittel- und Nordsachsen finden sich rechtsextreme Gruppenstrukturen, trotz der großen Bereitschaft zum zivilgesellschaftlichen Widerstand auch in der nordsächsischen Kleinstadt Wurzen.

Diese Strukturen sind teils über Jahrzehnte gewachsen und sind weniger als in anderen Ländern Ostdeutschlands öffentlich, politisch und polizeilich angegangen, eingedämmt oder gar zerschlagen worden. Dazu war weder polizeilich noch politisch unter der seit 33 Jahren regierenden CDU und ihren jeweiligen Innenministern eine konsistente und entschiedene, vor allem aber auch zivilcouragierte Politik entwickelt worden. Zu den negativen Höhepunkten gehört die über mehr als ein Jahrzehnt von den sächsischen Behörden misslungene Aufdeckung und Ahndung des NSU-Terrornetzes ebenso wie die langjährige Hinnahme des besonders gewalttätigen »Sturm 34«. Hinzu kam und kommt die fatale Neigung eines Teils der sehr konservativen CDU auch in den jeweiligen zuständigen Ministerien, mit einer Gleichsetzung von rechts und links die in die Mitte reichenden Gefahren eines aggressiven und geballten gewaltbereiten Rechtsextremismus zu relativieren, teils sogar zu negieren (vgl. Funke 2021).

Den Autoren des Sachsen-Monitors zufolge sind es nur zu einem geringen Teil strukturelle Benachteiligungen, die den Run auf Rechtsextremismus erklären können. Vielmehr zeigen die entsprechenden Daten, dass stabilisierte Ressentiments (und ihre öffentliche Repräsentation) ursächlich sind.[22] Auf Landkreisebene

---

[22] Hinzu kommt offenkundig eine besondere Form des Sich-abgehängt-Fühlens, das nicht unbedingt mit der Modernisierungsverliererthese übereinstimmt: »Das Geschlechterverhältnis und die Arbeitslosenquote in einer Gemeinde geben recht eindeutig Aufschluss über das Wahlverhalten der

lasse sich differenziert nachzeichnen, wie wenig noch die soziale Ächtung des Hasses wirke. So stimmen beispielsweise im sächsischen Erzgebirge 37% der Befragten antisemitischen Aussagen offen zu (vgl. Dilling et al. 2023).

Das Fazit ist bedrückend lakonisch: »Ob Sachsen als Hotspot der extremen Rechten gelten muss, muss nicht mehr gefragt werden [...] Die Antwort ist ja. Die hohen Umfragewerte für die in Ostdeutschland offen neonazistische und extrem rechts auftretender AfD sprechen eine klare Sprache.« Sie repräsentieren stabilisierte Ressentiments und autoritäre Aggression im Sinne der eigenen Selbstaufwertung durch Aggression auf Sündenböcke, auf die anderen, die Gegner, die »Fremden«. Sie haben sich in den letzten Jahren gerade in Sachsen auch durch die breiten Massendemonstrationen gegen die Coronapolitik und der Anfeuerung durch die rechtsextremen »Freien Sachsen« und die AfD noch einmal verfestigt.

Es wird sich erst noch zeigen, ob angesichts des absehbaren Scheiterns der Demokratie in Sachsen nicht zuletzt auf der kommunalen Ebene die Ansätze der Zivilgesellschaft, die es – oft unterdrückt – wie in Wurzen und natürlich in den großen Städten Dresden und Leipzig oder im vereinzelten Widerstand in Bautzen, Meißen und auch in Pirna in Sachsen gibt, sich gegenüber der lärmenden Dominanz etablierter rechter Politik und der rechtsextrem formierten Straße noch durchzusetzen vermögen.

Bürgerinnen und Bürger. Aber auch andere Faktoren spielen eine Rolle. [...] Die Zweitstimmenergebnisse in Sachsen lassen sich zumindest teilweise auf die soziale Struktur, wirtschaftliche Faktoren und die infrastrukturelle Versorgung einer Gemeinde zurückführen. [....] So führten vor allem ein geringer Anteil von Frauen in der Gemeinde, eine hohe Arbeitslosenquote vor Ort sowie lange Wege zu Stationen des täglichen Bedarfs (Apotheke, Supermarkt, Grundschule, ÖPNV-Haltestelle) zu einem höheren Zweitstimmenanteil der AfD, was zeige, dass die AfD in schrumpfenden und zunehmend homogenen Gemeinden erfolgreich ist. [...] Gleichzeitig sind diese Gemeinden aber wirtschaftlich nicht unbedingt abgehängt, Schuldenstand der Gemeinden und Steuereinahmen pro Kopf sprechen gegen die Modernisierungsverliererthese.« (Vgl. EFBI Policy Paper #3 vom 29.7.2021)

Wie beeindruckt eher rechtskonservative Journalisten wie Alexander Kissler von der AfD in Sachsen sind, zeigt sein Bericht zum Parteitag der AfD unter dem Titel »Die AfD will in Sachsen regieren« in der inzwischen AfD-freundlichen Neuen Zürcher Zeitung vom 18. März 2024. Da heißt es etwa: »Unter einem – noch reichlich unwahrscheinlichen – Ministerpräsidenten Jörg Urban sollen bahnbrechende Reformen ins Werk gesetzt werden: Man werde die Sekt- und die Biersteuer streichen, drei Ministerien abschaffen, den Rundfunkstaatsvertrag kündigen, den Ausbau der Windenergie drosseln und abgelehnte oder straffällig gewordene Asylbewerber rasch außer Landes schaffen.«

Der ehemalige SPD-Vorsitzende und Außenminister Sigmar Gabriel äußerte im Spiegel vom 6. Januar 2024: »Als 1980 Franz Josef Strauß Kanzler werden wollte, da bildeten sich mit dem Slogan ›Stoppt Strauß!‹ republikweit Komitees ›zur Verteidigung der Republik‹«, obwohl damals die Demokratie noch nicht in Gefahr gewesen sei. »Das ist sie aber jetzt!« Gabriel kenne »keine Kulturinitiative, keine Literaten, Künstler, keine Politiker, keine Chefs großer Unternehmen – bis auf ganz wenige –, die sich dagegen engagieren«. Es würden Däumchen gedreht, man lasse die Ereignisse auf sich zurollen. Für den Aufsichtsrat mehrerer Unternehmen »eine unfassbare Situation«.

4. Brandenburg: Chancen der Zivilgesellschaft

In Brandenburg liegt die AfD den Umfragen Mitte März 2024 zufolge bei knapp unter 30%, die CDU bei 18%, die SPD bei 17%, die Grünen bei noch 8%, Die Linke bei gerade noch 6% und das BSW bei 13%.

Die Motive, die AfD zu wählen, scheinen auch im Bundesland Brandenburg in der öffentlichen Debatte relativ eindeutig: Die einen tun es längst aus Überzeugung mit den Inhalten der Ideologie dieser Partei, die anderen tun es aus Protest und Enttäuschung gegenüber den Regierenden und den demokratischen Oppositionsparteien. Wie komplex sich die Entwicklung der AfD zur de facto Volkspartei im Osten Deutschlands in den letzten acht Jahren entwickelt hat, zeigt die Studie des Moses Mendelssohn Zentrum (MMZ) für europäische-jüdische Studien in Potsdam (2023) »Wer wählt rechts außen? Strukturelle Erfolgsbedingungen der AfD bei Bundes- und Landtagswahlen in Brandenburg«.

Als ausschlaggebende Gründe dafür, dass Menschen in Brandenburg die AfD wählen, nennen die MMZ-Forscher die Sorge vor dem Verlust des sozialen Status sowie ein oft befestigtes rechtsnationalistisches (rechtsextremes) Weltbild der Wähler. »Statusverlustängste, Zukunftssorgen, vor allem aber rigide, autoritär nationalistische Einstellungen im Bereich der Migration, Identität und innere Sicherheit, kennzeichnen die Wählerschaft der Partei.« Hinzu kommt: »In einigen Kreisen in Brandenburg, in denen ungünstige ökonomische und demographische Bedingungen mit einer Kultur zusammenfallen, in der sich Demokratieskepsis und teils offener Rechtsextremismus stärker normalisieren konnten, muss auch weiterhin von einem hohen, möglicherweise noch steigenden Zuspruch für die AfD ausgegangen werden.« Diese Dreifachkombination von ökonomischen Statusängsten, räumlichen und demographischen Wahrnehmungen und Erfahrungen, abgehängt zu sein und eine aggressiv nationalistische Alltagskultur galt und gilt etwa für die südlichen, östlichen und südöstlichen Randbereiche Brandenburgs.

Die Statusverlustängste beziehen sich auf gegenwärtige und zukünftige Unsicherheitsfaktoren, aber vielfach auch auf die negative Grunderfahrung unmittelbar nach dem Ende der DDR und der Wiedervereinigung, als durch prekäre ökonomisch politische Entscheidungen etwa einer Eins-zu-eins-Währungsunion, gleichsam automatisch ein Großteil der ehemals als sicher geltenden Arbeitsplätze der DDR praktisch über Nacht keine Zukunft mehr hatten. 2019 war es etwa so, dass Arbeiter zu 44%, Selbstständige zu 34%, Arbeitslose zu 43% mit der persönlichen wirtschaftlichen Lage unzufrieden waren und das Gefühl hatten, dass es immer weiter bergab gehe. Diejenigen, die sich Sorgen machen, dass sie ihren Lebensstandard künftig nicht mehr halten können, haben schon bislang zu 47% AfD gewählt. Hier kombiniert sich die soziale Verunsicherung mit der Wahrnehmung, räumlich abgehängt worden zu sein (vgl. MMZ 2023: 9).

Ausgeprägte Krisenwahrnehmung und ein pessimistischer Blick in die Zukunft sind vor allem dafür relevant, die AfD zu wählen (ebd.: 11). Eine deutliche Mehrheit sorgte sich beispielsweise, dass »sich unser Leben zu stark verändert« (80%) oder die »Kriminalität massiv zunimmt« (88%) (ebd.: 10). Noch stärker sind die Zustimmungsraten, wenn Themen wie Demokratiezufriedenheit, Migration, Islam und die deutsche Identität zur Sprache kommen. Insgesamt 87% der AfD-Wähler*innen geben an, mit der Art und Weise, wie Demokratie funktioniert, weniger bis gar nicht zufrieden zu sein. Noch höher liegt der Anteil derer, die sich sorgen, dass der Einfluss des Islam in Deutschland zu stark wird (92%) und ganze 97% befürworten eine Begrenzung des Zuzugs von Ausländer*innen und Geflüchteten.

Das heißt, auf der Folie tiefer sozialer, zum Teil traumatischer Verunsicherungserfahrungen, oft über mehrere Generationen hinweg, werden gegenwärtige Erfahrungen oder Befürchtungen, erneut abgehängt zu werden oder zu bleiben, ohne sie ändern zu können, besonders relevant. Dies stärkt Ressentiments und eine nationalistische Identifizierung, schließlich verbinden sich, ja fusionieren Verunsicherungserfahrungen und der scheinbar ausgleichende Zugriff auf eine Aggression, die Entlastung zu versprechen scheint.

Dieses hohe Potenzial an Ohnmachtserfahrung, Entfremdung und Abwehraggression bildet den Nährboden für die Ausübung rassistischer Äußerungen und von Gewalt. Nach der jüngsten zuverlässigen Einschätzung einer Beratungsstelle für Betroffene rechter Gewalt, des Vereins »Opferperspektive«, haben entsprechende Taten in 2023 sprunghaft zugenommen und breiten sich in einem zunehmend »rassistischen Klima« weiter aus, wie auch aus einem Bericht des Senders Antenne Brandenburg vom 18. März 2024 hervorgeht:

»In Brandenburg gab es 2023 offenbar deutlich mehr rechte Gewalttaten als im Jahr davor. Das wird zunehmend auch an Schulen zum Problem. Dort werden Kinder und Jugendliche vermehrt attackiert. Verein Opferperspektive zählt in Brandenburg im Jahr 2023 über 100 rechtsextreme Angriffe mehr. Meist sei Rassismus das Hauptmotiv, heißt es. In Brandenburg waren im vergangenen Jahr nach Zählungen des Vereins mindestens 390 Menschen von rechter Gewalt betroffen (2022: 245, 2021: 215). Darunter waren 133 Kinder und Jugendliche (2022: 63). [...] Der Verein zählte 242 rechtsmotivierte Angriffe – nach 138 im Jahr 2022. [...] Seit Beginn der Zählung 2006 waren es nur 2016 mehr Angriffe gewesen. Bei sechs von zehn Gewalttaten war demnach Rassismus das Hauptmotiv. Der Anstieg sei auf ein ›zunehmend rassistisches Klima auch in Brandenburg zurückzuführen‹, sagte Geschäftsführerin Judith Porath. Die AfD habe dieses Klima angefeuert, andere Parteien hätten es mit ›flüchtlingsfeindlichen Maßnahmen und Äußerungen gestärkt‹. Es gebe auch vermehrt rassistische Übergriffe an Schulen. Der Verein sieht zudem eine sprunghafte Zunahme bei Körperverletzung.

Porath erklärte anlässlich der Vorstellung der Jahresstatistik 2023, in Brandenburg erfordere es inzwischen viel Mut, sich gegen Rechtsextremismus zu positionieren: ›Egal wo in Brandenburg sich Menschen gegen rechts engagieren, müssen sie mit Bedrohungen und Übergriffen rechnen.‹ Umso mehr verdienten Demonstrationen und Kundgebungen, insbesondere in kleineren Orten, Anerkennung. In Bildungseinrichtungen ereigneten sich 15 Gewalttaten. Der Monitoring-Beauftragte der Opferperspektive, Joschka Fröschner, nannte die Vielzahl an Meldungen zu rassistischer Gewalt an Schulen ein ›Zeichen einer zunehmenden Dynamik der Enthemmung‹. Der unzureichende Umgang von Schulen und Behörden mit Fällen wie Übergriffen eines Lehrers gegen ihm anvertraute Schüler in Cottbus mache deren Überforderung deutlich. Die nahezu flächendeckende Zunahme rechter Gewalttaten lege nahe, dass sich Rassisten durch die verbreitete Zustimmung zu rechten Positionen darin bestärkt sehen, ihre Überzeugungen mit Gewalt durch- und umzusetzen, warnte die Leiterin der Gewaltopferberatung des Vereins, Anne Brügmann. Besonders alarmierend sei dabei der Anstieg bei gefährlichen Körperverletzungen um 54% von

39 im Jahr 2022 auf 60 im vergangenen Jahr. In so gut wie allen Brandenburger Landkreisen verzeichnete die Opferperspektive gestiegene Angriffszahlen. Die meisten Angriffe und stärksten Zunahmen gab es zwischen 2022 und 2023 demnach in Dahme-Spreewald von sieben auf 24, im Landkreis Oberhavel von sieben auf 25 und der Uckermark von acht auf 21 Fälle.« (Antenne Brandenburg 2024)

Die Fusion von ökonomischen und ideologischen bzw. weltanschaulichen Elementen ist offenkundig dann besonders stark, wenn es zuvor in bestimmten Regionen Brandenburgs entsprechende nationalistische bzw. rechtsextreme Traditionen von Bedeutung gegeben hat, also man gewissermaßen rechtspolitisch einsozialisiert war und indirekt oder direkt »positive« Erfahrungen damit gemacht zu haben glaubt.

Überall dort, wo in der Vergangenheit eine politische Kultur existierte, die sich in Wahlergebnissen niederschlug und wo sich der Rechtsextremismus in der Folge stärker normalisieren konnte, liegen die heutigen AfD-Ergebnisse überdurchschnittlich hoch (vgl. ebd.: 10), so in den AfD-Hochburgen in Südbrandenburg wie Spree-Neiße, Oberspreewald-Lausitz und Elbe-Elster; die peripheren Regionen im Osten und Südosten Brandenburgs hatten sich seit Langem als Hochburgen der Rechtsaußenparteien etabliert. Es kann davon ausgegangen werden, dass die NPD, DVU, Pro Deutschland und Republikaner Stimmenanteile der vorausgegangenen Wahl auf bisher nicht politisch repräsentierte Einstellungspotenziale von Personen im Umfeld der Rechtsaußenwählerschaft verweisen, denen deren Auftreten bis dato unattraktiv erschien und die nun in der AfD eine Partei gefunden haben, die für sie passende Inhalte auf eine hinreichend akzeptable Art vertritt. (vgl. MMZ 2023: 11)

Auch die Ergebnisse der Studie von Oliver Decker u.a. zu »Autoritäre Dynamiken und die Unzufriedenheit mit der Demokratie. Die rechtsextreme Einstellung in den ostdeutschen Bundesländern« (Decker/Kiess/Brähler 2023) sind von den Wissenschaftlern des MMZ eingeordnet worden. Sie zeigen »dramatisch hohe Werte vor allem bei Themenfeldern, die über eine

Befürwortung neonationalsozialistischer Ideologien hinausweisen und breiter gesellschaftlich anschlussfähig sind - wie etwa bei Sozialdarwinismus oder Antisemitismus. Besonders hoch sei die Zustimmung zum Ethnozentrismus, insbesondere zu ausländerfeindlichen Aussagen. Xenophobe, nativistische und rassistische Aussagen in Ostdeutschland finden breite gesellschaftliche Akzeptanz.«

Die Wissenschaftler aus Potsdam betonen insbesondere Phänomene der »politischen Entfremdung, also der bewussten Verwerfung des gesamten politischen Systems«, die sich in Apathie äußert, weil der einzelne nicht die Möglichkeit sehe, »durch seine Anstrengung etwas im System zu ändern«. Sie verweisen auf die Analysen des Politikwissenschaftlers Franz Neumann aus den 1950er-Jahren, wonach eine solche Apathie zur »partiellen Paralysierung« des Staates führe und den Weg zu einer Bewegung öffne, die, die Spielregeln verachtend, sich die Unfähigkeit des Bürgers zur individuellen Entscheidung zunutze mache. Einer solchen Bewegung geht es darum, die Angst nicht nur zu aktivieren, sondern zu instrumentalisieren (vgl. Neumann 1986: 281).

Die hohen Zustimmungswerte zu chauvinistischen Aussagen mögen mit bestimmten Identitätsvorstellungen zu tun haben, die mit der in Brandenburg »verbreiteten Überhöhung Preußens« zusammenhängen können. Dass in Brandenburg eine besonders hohe Zustimmung zur Aussage »Reparationsforderungen nützen einer Holocaust-Industrie aus findigen Anwälten« erfolgt, weist auf die Verbreitung von einem »Schuldabwehr-Antisemitismus« hin – ausgerechnet also in jenem Land, in dem sich mit Sachsenhausen und Ravensbrück zwei KZ-Gedenkstätten befinden.

Offenkundig haben Regionen, die nahe an Berlin liegen, einen geringeren Grad an autoritären Einstellungen. Es spricht einiges dafür, dass die etwas geringeren Werte insgesamt mit den Bemühungen der Landesregierung und der Zivilgesellschaft zu Demokratisierung in Zusammenhang stehen könnten. Auch die vergleichsweise höhere Akzeptanz der Demokratie und Bewertung der Partizipationschancen mag mit der Nähe zur Bundeshauptstadt zu tun haben. Die Autoren gehen davon aus, dass die

Fusion ökonomischer, traumatischer Erfahrungen und der sich ausweitenden Identifizierung mit Ressentiments es nicht einfach macht, diese im Wahlverhalten zu korrigieren.

Zusammengenommen aber hat die abnehmende Zufriedenheit mit der Demokratie und die autoritäre Identifizierung mit chauvinistischen und vor allem ausländerfeindlichen Einstellungen das Potenzial für eine inzwischen etablierte rechtsextreme Partei, die AfD. Sie stützt sich inzwischen auf massive Mobilisierungswellen nicht zuletzt im Zusammenhang mit der Auseinandersetzung um Geflüchtete, dann der Querdenken-Bewegung gegen die Covid-Politik und auf eine inzwischen angewachsene politische Gewaltkriminalität von rechts und eine Verschiebung hin zu rassistischen Taten. Die AfD wirkt als koordinierende, stabilisierende und zuspitzende Kraft auf die Bewegungen zurück, die gleichwohl selbst heterogen und uneinheitlich bleiben und partiell auch nicht jeweils von der AfD gesteuert werden. Insgesamt aber haben die AfD-Wahlerfolge eine längere Vorgeschichte; eine bedeutende Gruppe des Elektorats hat sich seit vielen Wahlgängen von demokratischen Alternativen verabschiedet (vgl. ebd.).

Dritter Teil: Was tun?!

In den verschiedenen Studien zum Aufstieg von Rechtsextremismus und Rechtspopulismus ist klar geworden, dass es um eine Interaktion *politischer, mentaler und sozioökonomischer Faktoren* geht, die von ganz rechts gegen die Demokratie mobilisiert werden. Zu den *politischen* Bedingungen für eine Abwehr hiergegen gehört die relative Stabilität und Anerkennung einer demokratischen politischen Ordnung, die aber auch den Problemen, die sich in der Gesellschaft stellen, gerecht zu werden bemüht ist und das nötige dazu tut. Zu den *mentalen* Voraussetzungen gehört, das große Teile der Bevölkerung sich mit den Werten und Grundelementen der demokratischen Ordnung identifizieren und vertraut sind. Zu den *sozioökonomischen* gehört, dass das Versprechen, ein Auskommen zu haben und nicht sozial verloren zu sein, glaubwürdig ist und man sich um ihre Umsetzung bemüht.

Wenn in einer Krisenkumulation wie der jetzigen diese Ansprüche an Demokratie und ihrem Funktionieren nicht mehr zureichend bedient werden, entstehen Glaubwürdigkeitsverluste, die an die Substanz des Demokratischen gehen können. Es ist daher von größter Bedeutung, dass Politik und Öffentlichkeit sich dieser Herausforderung, die Demokratie gegen rechts zu verteidigen, neu stellen und hierin auch Prioritäten setzen.

1. Die aktuelle Demokratiebewegung: Katalysator für eine andere Politik?

Die seit dem 10. Januar 2024 entstandene Bewegung gegen rechts ist eine der größten Demokratiebewegungen in der Bundesrepublik und zeitigt erste Folgen, auch in der Blockierung von AfD-Kandidaten in lokalen Wahlen wie etwa im thüringischen Saale-

Orla-Kreis, wo in letzter Minute erfolgreich ein AfD-Kandidat verhindert worden war. Mit ihr besteht die Chance, auch in den kommenden Wahlen die AfD zurückzudrängen, wenn sich diese Bewegung dezentral verstetigt. Mitte Januar 2024 sahen immerhin 72% in der AfD eine Gefahr für die Demokratie.[23] So berichtet die »Deutsche Welle« am 1. Februar 2024: »Etwa drei Viertel aller Bundesbürger finden die Demonstrationen richtig. 39% sehen im Rechtsextremismus die größte Gefahrenquelle für die bundesdeutsche Demokratie, 19% mehr als vor eineinviertel Jahren. Das geht aus dem aktuellen ARD-Deutschlandtrend hervor, für den das Meinungsforschungsinstitut infratest-dimap vom 29. bis 31. Januar 2024 insgesamt 1.303 wahlberechtigte Deutsche repräsentativ befragt hat. Im September 2023 war es noch 80% der Befragten egal, ob die AfD in Teilen rechtsextrem ist.«

Bereits am zweiten Wochenende nach der Enthüllung durch CORRECTIV gingen auf mehr als 100 Demonstrationen Hunderttausende auf die Straße. Der Schock des Berichts über ein Treffen von hochrangigen AfDlern, Neonazis, Gewalttätern und CDU-Mitgliedern in Potsdam sitzt tief. Er hat klargemacht, dass die AfD im Verein mit klassischen Neonazis eine rechte Revolution gegen Grundgesetz und Menschenwürde plant und damit nach den Landtagswahlen von Sachsen, Thüringen und Brandenburg, wenn sie an der Macht beteiligt ist, beginnt. Sie hat nichts mit Grundgesetz und Menschenwürde im Sinn, sondern will einen völkischen, ethnisch reinen Staat und dazu Millionen von Menschen aus Deutschland deportieren.

Anfang Februar folgten dann weitere Demonstrationen in mehr als 200 Städten. Immer deutlicher wird vielen Menschen, dass es um Nachbarn, Freund*innen oder Kolleg*innen türkischer, afghanischer oder anderer Herkunft geht, die laut AfD und ihren rechtsextremen Verbündeten »remigriert« werden sollen. Zugleich wird Bezug auf die deutsche Geschichte genommen. All dies spiegelt sich in den originellen Sprüchen wider: »Nie wieder ist jetzt«, »Alle gemeinsam gegen den Faschismus«, »Refugees are

[23] Statista Research Department (2.2.2024).

welcome«, »Wir sind die menschliche Brandmauer« oder auch ironisch »Alice, mach deine Politik im Wunderland. We stand United. Stopp AfD«.

Es überrascht, dass auch lange nach der Enthüllung von CORRECTIV noch immer Hunderttausende auf die Straße gehen. Ganz offenkundig sehen sie einen Ernstfall, wenn in diesem Herbst in Sachsen oder Thüringen die AfD die Mehrheit der Mandate im Landtag erreichen würde und mobilisieren dagegen und für eine Demokratie, in der alle ihren Platz haben. Das Besondere dieser Bewegung ist, dass sie Menschen erreicht, die bisher nicht demonstriert haben, Orte erreicht, die vor Demonstrationen wegen der Dominanz der AfD Angst hatten und sie nicht mehr haben und gerade dort die Stimmung verändert und den Mut erhöht, gegen die Rechtsextremen zu halten. Das Ausmaß, indem man sich neu organisiert und verabredet, verändert die Demokratie, und zwar von unten, als Gelebtes *Wir können etwas ausrichten*. Und wir sind nicht ohnmächtig.

Inzwischen ist klar, dass die hundertfachen Initiativen vor allem von unten kommen und oft genug gegen das bisherige Gebaren der Zuständigen gerichtet sind: Ob in Kleinstädten wie in Döbeln »Omas gegen rechts« gegründet werden, in Vechta und Cloppenburg die Kirchen aktiv sind oder in München man sich für die Bedeutung von Migrant*innen in Krankenhäusern, Arztpraxen oder für Pflegekräfte einsetzt – selbstverständlich an der Seite der Menschen und Bürger*innen mit Migrationshintergrund.

Ein Teil der Bevölkerung steht buchstäblich gegen völkische Unvernunft auf. Auf den zahlreichen Demonstrationen sind alle Altersgruppen vertreten, vor allem aber Familien mit ihren Kindern und Migrant*innen; die gerufenen Parolen oder auf Schildern gezeigten Aussagen sind eindeutig: »Wir sind mehr«, »Menschenrechte statt rechte Menschen«, »Hass ist krass, Liebe ist krasser.«

Im Westen haben die Demonstrationen das entwickelte demokratische Selbstverständnis in Erinnerung gerufen, im Osten Deutschlands kämpfen sie gegen die »Jetzt-erst-recht«-Stimmung rechter und rechtsextremer Kreise und der AfD an.

Durch die öffentliche Konfrontation mit der Radikalität der Masterpläne des Machtzentrums der AfD ist es in den folgenden Monaten zu teils messbaren Wirkungen gekommen. So konnten sich im Osten klare AfD-Favoriten aufgrund der intensivierten Debatte nicht mehr durchsetzen wie etwa im Saale-Orla-Kreis in Thüringen. Auch das Wählerpotenzial ist durch die Debatte jedenfalls zeitweise erheblich in Mitleidenschaft gezogen worden. So sank das bundesweite Wählerpotenzial der AfD von 22 bis 23% auf 18 bis 19%; in manchen Bundesländern mehr, in manchen weniger. Es fällt auf, dass es etwa in Brandenburg um 4 bis 6%, in Thüringen um ähnliche Prozentanteile gesunken ist, aber kaum im AfD-Hotspot Sachsen. Das mag auf die sich im Alltagsklima zeigende, tiefe Verankerung der AfD in Sachsen zurückzuführen sein.

Gegen die Hegemonie der AfD hat es in ostdeutschen Ländern auch in Mittel- und Kleinstädten wie in Altenburg, im Saale-Orla-Kreis, in Greiz, dem sächsischen Grimma oder in Hohen Neuendorf nördlich von Berlin zum Teil das erste Mal Demonstrationen gegeben – etwas, was »in seiner Bedeutung für die ostdeutsche demokratische Kultur nicht hoch genug einzuschätzen« ist, wie David Begrich unlängst dargestellt hat (Begrich 2024; auch die folgenden Zitate stammen aus seinem Text). Diese Demonstrationen »schmerzen die AfD und ihr rechtsextremes politisches Vorfeld«, da sie »den Hegemonieanspruch der Partei« infrage stellen. Und zwar genau dort, wo die AfD längst »Themen und die Debattenregeln« bestimmt und sich »ein antidemokratisches Grundrauschen« breitgemacht hat. Nach den Montagsdemonstrationen zunächst gegen Geflüchtete, dann gegen die Coronapolitik und gegen die da oben.

»Die Normalisierung der AfD in den Regionen Ostdeutschlands geht auf eine über Jahrzehnte gewachsene rechte Hegemonie im Alltag zurück: ob beim Klempner, der Bäckerin oder in der Kita«, insbesondere in den letzten 6 bis 10 Jahren der Präsenz der AfD und nach den 1990er-»Baseballschlägerjahren«, der rechtsextremen Jugendkultur und der Arbeit der NPD in den Kommunen der Zehnerjahre, auf die Landes- und Bundespolitik »nur mit kurzfristigem Aktivismus reagiert« hat, »nicht aber mit einer kontinuierlichen Unterstützung und Stärkung demokratischer Kräfte vor Ort«. Hinzu kam und kommt »die Abwanderung engagierter, gut ausgebildeter Menschen« und die Schwäche »gesellschaftlicher Großorganisationen wie Parteien, Gewerkschaften und Kirchen«, die »ein Vakuum bis weit in den vorpolitischen Raum hinterlassen, das heute von der extremen Rechten« ausgefüllt wird.

»Erstmals seit 2015 sind nun in der Öffentlichkeit andere Stimmen zu hören als jene rechter Wutbürger, denen konservative Kommunal- und Landespolitiker ihre Ohren viel zu lange mit dem Argument liehen, es handele sich um besorgte Bürger, die für eine Mehrheit sprächen. Allzu oft Politiker gelauscht haben und sie für besorgte Bürger erklärt haben.« Vor allem gehe es um demokratische Gegenkräfte, in Bürgerinitiativen, einer Kandidatur für die Gemeindevertretung oder den Erhalt des örtlichen Kinos oder Jugendklubs. Es sind die Mühen der Ebenen, die ein wenig Ermutigung erhalten, um Refugien der Begegnung, der Kultur, der politischen Bildung aufrechtzuerhalten und – noch viel schwieriger – sie wieder aufzubauen. Es geht darum, das emotionale Zusammengehörigkeitsgefühl der Demokraten untereinander und nicht zuletzt gegenüber den immer neu bedrohten Migrantinnen und Migranten zu stärken sowie Kindern und Jugendlichen die Angst vor autoritären Antidemokraten zu nehmen; um eine Umkehr des gesellschaftlichen Klimas nicht zuletzt in den Kommunen und einen Weg zu finden, der der rechten ideologischen Agenda der AfD nicht nachgibt und zugleich den Handlungsspielraum der Demokraten wahrt. »Die Wahlen des Jahres 2024 sind vielleicht die wichtigsten seit dem demokratischen Aufbruch 1989/90.« (Ebd.)

2. Widerstand auch in Thüringen, Sachsen und Brandenburg

Es gibt in den ostdeutschen Bundesländern eine Fülle von Versuchen, dem rechtsextremen gewaltbereiten Milieu durch eine Vielzahl von Initiativen vor Ort Grenzen zu setzen, oft verzögert durch hinhaltende Politik der jeweiligen Zuständigen, aber immerhin oftmals mit Erfolg. Zu den Sternstunden des *thüringischen* Parlaments gehörte die unnachsichtige Aufarbeitung des NSU-Terrors durch zwei Untersuchungsausschüsse. Dazu gehörte die Entscheidung, das mit dem NSU-Terror verstrickte Landesamt für Verfassungsschutz mit einem neuen unbelasteten Präsidenten zu besetzen.

Angesichts der unmittelbaren Gefahr, dass ein neonazistisch agierender Björn Höcke sich auf dem Weg zum Ministerpräsidentenamt sieht, haben Engagierte ein breites umfassendes zivilgesellschaftliches Bündnis auf den Weg gebracht: das »Weltoffene Thüringen« mit breiter Beteiligung der drei Universitäten, einer Vielzahl von Unternehmen, Politikern aus allen demokratischen Parteien, von der CDU bis zur Partei Die Linke. Eine Meldung der dpa vom 1. Januar 2024 zeigt, wie breit angelegt dieses Bündnis ist: »Mit Blick auf die Landtagswahl 2024 haben sich mehrere Thüringer Einrichtungen, Unternehmen und andere zur Initiative ›Weltoffenes Thüringen‹ zusammengeschlossen. ›Wir treten ein für ein weltoffenes und vielfältiges Thüringen‹, heißt es auf der Website des Bündnisses. ›Wir möchten ein Land, in dem Menschen in ihrer Verschiedenheit akzeptiert und willkommen sind.‹ Vorurteile, Ausgrenzung und Hass hätten in einem weltoffenen und vielfältigen Thüringen keinen Platz. Rund 300 Unterstützerinnen und Unterstützter listete die Initiative Ende Dezember auf ihrer Website auf. Darunter finden sich auch viele bekannte und sehr unterschiedliche Befürworter: Der Hersteller von Spezialglas Schott und der Technologiekonzern Jenoptik etwa, aber etwa auch die Stiftungen Gedenkstätten Buchenwald und Mittelbau-Dora und die Klassik Stiftung Weimar. Auch der TÜV Thüringen, das Uniklinikum Jena, das Wildkatzendorf Hütscherode, der Landessportbund und viele weitere unterstützen den Appell für eine plurale Demokratie und Rechtsstaatlichkeit. […] Es sei in der Geschichte Thüringens ein bisher einmaliger Zusammenschluss der Zivilgesellschaft«.

Ende Januar 2024 hatten bei der Landratswahl im traditionell rechten Saale-Orla-Kreis – mit den Städten Bad Lobenstein, Neustadt an der Orla und Rosenthal am Rennsteig, nahe dem Kreis Rudolstadt, wo die Rechtsextremen und der Umkreis des NSU besonders aktiv waren – 45% im ersten Wahlgang (also nach den Enthüllungen von Potsdam) für den Landratskandidaten der AfD gestimmt. In einem Dorf kam er gar auf 72%. Beim zweiten Wahlgang konnte der Vorsprung des AfD-Kandidaten umgekehrt werden: Mit 52,4% setzte sich der CDU-Kandidat Christian Herrgott durch. Zu Recht dankte der Direktor der Stiftung Gedenkstätten Buchenwald und Mittelbau Dora, Jens Christian Wagner, der demokratischen Mehrheit, wies aber zugleich darauf hin, dass die 47,6% für einen Mann, der mit Reichsbürgern und Neonazis paktiert, alarmierend bleiben. Gleichwohl gab es eine breite aktive Bewegung und Initiative aus dem Kreis selbst, den AfD Kandidaten zu verhindern. Hinzu kam, dass die Kandidaten aller anderen demokratischen Parteien ausdrücklich dafür plädierten, den CDU-Kandidaten zu wählen. Und es konnte eine erhöhte Wahlbeteiligung um etwa 3% erreicht werden.

Auch in *Sachsen* gibt es Beispiele vonseiten der SPD und selbst des CDU-Ministerpräsidenten Kretschmer, vor allem aber linken und vielen zivilgesellschaftlichen und Antifa-Initiativen, erste Verabredungen, um für die soziale und effiziente Verteidigung der Demokratie zu mobilisieren. Ein wenig so, wie das »Weltoffene Thüringen« es derzeit auf der Basis langjähriger Erfahrungen praktiziert.

Schon in den ersten zehn Tagen nach der Enthüllung des Geheimtreffens von Potsdam haben selbst in kleinen und von der AfD dominierten Städten mehr Menschen als je zuvor demonstriert. Allein in Döbeln, einer Kleinstadt mit gut 20.000 Einwohnern mitten in Sachsen, deren jüngere Geschichte von einer gewaltbereiten rechtsextremen und Neonaziszene gekennzeichnet ist, demonstrierten mehr als 300 Teilnehmer*innen gegen rechts.

Und das auf Betreiben des immer wieder von ganz rechts bekämpften Jugendtreffs »Treibhaus«. Ebenso in Torgau, wo auf Initiative des Vereins »Zusammenkommen« auf dem Marktplatz sich zwischen 250 und 300 Menschen einfanden, angemeldet war die Demonstration mit 50 Teilnehmern. Und auch in Pirna, wo zuvor der Kandidat der AfD zum Bürgermeister gewählt worden war, gab es Kundgebungen und Protestmärsche, ebenso in Leipzig, Görlitz, Dresden, Chemnitz oder Freiberg.

Und auch aus dem Bundesland *Brandenburg* gibt es zahlreiche Beispiele dafür, dass immer dann, wenn vor Ort Menschen ein Klima für mehr soziale Gerechtigkeit und persönliche Ansprache erzeugen, der Zuspruch für die AfD abnimmt. Das dürfte erst recht dann der Fall sein, wenn auch die regionale Politik statt der lange bevorzugten Leuchtturmpolitik (da viel reinstecken, dort kaum) zugunsten einer breiteren sozialen und ökonomischen Zuwendung verändert bzw. dies glaubwürdig und nachweisbar versprochen wird. Dies ist etwa in Regionen Brandenburgs der Fall, in denen seit Längerem eine alternative aktive Zivilgesellschaft immer wieder positive Erfahrungen mit einer gelungenen Einflussnahme hat machen können – so etwa in Oranienburg.

In Oranienburg demonstrierten etwa 1.400 Menschen, mehr noch als vor wenigen Monaten, gegen die Anwesenheit von Höcke demonstriert wurde, in der Nachbargemeinde Hohen Neuendorf waren es an die 500. Zu den Organisatoren gehörten NGOs, die es seit weit mehr als einem Jahrzehnt gibt: das Demokratieforum in Oranienburg, die Initiative Nordbahngemeinden in Hohen Neuendorf. Beide Gruppen und andere vernetzen sich zur Kritik an der AfD und zur Vorbereitung der anstehenden Kommunalwahlen. Sie unterstützen Aktivitäten im Nordteil des Landkreises Oberhavel; in ihnen sind jüngere wie ältere Menschen vertreten, aus der SPD, der Linken, den Grünen; sie sind interessiert, Projekte in den Kommunen über die Parteien hinweg zu organisieren – alles mit dem Ziel, die breite Bewegung gegen rechts dezentral zur Verbesserung der Aussichten der demokratischen Parteien und gegen die AfD zu nutzen.

Ausmaß und Entwicklungsdynamik rechtsextremer Einstellungen und einer immer weiter reichenden Entfremdung von der Demokratie sind das Potenzial für den bisher schon vollzogenen Aufstieg der rechtsextremen AfD in allen ostdeutschen Ländern. Von großer Bedeutung – das haben die Länderskizzen im vorhergehenden Teil gezeigt – ist das auf Erfahrung beruhende Gefühl, dass die eigene Situation und ihre Umgebung stagniert und/oder gefährdet ist – ein tiefes Gefühl, abgehängt zu sein, besonders an den Peripherien der jeweiligen Zentren oder der jeweiligen Länder.

Die Länderskizzen zeigen auch, dass es Unterschiede gibt im Grad der autoritär populistischen Durchdringung von Gesellschaft und Politik in diesen Bundesländern. So begrenzt die Interventionschancen auf kommunaler und Länderebene auch scheinen, so zeitigen doch die zivilgesellschaftlichen Initiativen überraschende Erfolge, z.B. auch in Halle/Saale und Magdeburg in Sachsen-Anhalt, wo 2024 nicht gewählt wird. Die Frage, ob sich diese rechtspopulistischen und rechtsradikalen Einstellungen durch die bundesweiten und auch regionalen Proteste sich auch bei Wahlen ausdrücken, ist noch nicht abzusehen. Wichtig wäre, dass vor Ort weiter Bündnisse geschlossen werden – wie dies in Nordhausen erfolgreich gelungen ist. Denn es ist keineswegs ausgeschlossen, dass vor Ort die Kandidat*innen gewinnen, die in den Gemeinden glaubwürdig dafür einstehen, den Leuten zuzuhören, ihnen Antworten geben und die Bürger*innen diesen Antworten auch auf Basis der Erfahrung mit diesen Menschen vertrauen können und so von unten den Missmut, die Enttäuschungen und die Wut angehen.

Die Bürgerbewegung von Millionen von Menschen gewinnt erst dann den Kampf um die Demokratie, wenn der AfD in den Wahlen die Macht in Kommunen, in Landtagen und später auch im Deutschen Bundestag verwehrt wird. Es muss mehr geschehen, damit das verbreitete und teilweise begründete Gefühl, abgehängt worden zu sein und ohnmächtig zu sein, durch praktische Erfahrungen zurückgedrängt wird. Dazu ist vor allem eine soziale Kurskorrektur erforderlich. Zwar hat sich in den zwei Monaten seit der Debatte um das Treffen in Potsdam einiges bewegt – ob es gelingt, die AfD dauerhaft von der Beteiligung an Landesregierungen oder gar im Bund fernzuhalten, dazu bedarf es weiterer erheblicher Anstrengungen.

3. Das Besondere dieser Bewegung

In der zivilgesellschaftlichen Bewegung, die nach der Aufdeckung des Potsdamer Treffens in der gesamten Republik Flagge zeigt, wird an die demokratischen Grundnormen, an Grundgesetz und Menschenwürde erinnert, und diese werden aktiviert. Es ist eine Selbstvergewisserung, dass die Grundnormen der Demokratie verteidigt werden müssen, aber auch, dass sie effizient und glaubwürdig funktionieren sollen. Darin kommt eben auch eine Kritik an der Ineffizienz und dem Verlust der Glaubwürdigkeit der demokratischen Parteien zum Ausdruck. Das macht den Sinn des »Nie wieder« und die verbreiteten Warnungen vor Gewalt und Faschismus auf den Plakaten aus. Sie erreicht linke Milieus, aber genauso konservativ bürgerliche und sehr viele jüngere.

Die Demonstrierenden zeigen nicht nur, wie wichtig ihnen migrantische Freundinnen, Freunde und Kolleg*innen sind, sondern es ist auch ein Signal an den Rechtspopulismus der etablierten Parteien, insbesondere von CDU und FDP, auch in Krisenzeiten den Sozialstaat und die Rechte von Migrant*innen zu verteidigen. Denn noch ganz anders als die Bewegung der Lichterketten und der Bewegung *»Unteilbar«*, ist diese Bewegung in einer so nicht da gewesenen Breite und Ernsthaftigkeit aus einer tiefen Verunsicherung darüber entstanden, ob die demokratischen Parteien in der multiplen sozialen, ökologischen und Friedenskrise effizient und glaubwürdig sind. Sie wirkt selbst daran mit, sich aktiv in die demokratische Gestaltung einzubebringen und nicht zuletzt auch bei Wahlen gegen rechts aktiv zu werden. Sie kann darin außerordentlich erfolgreich sein, wenn sie sich in den Kommunen dezentral weiter organisiert und eigene Initiativen zur besseren demokratischen Gestaltung vor Ort entwickelt.

Die Mobilisierung dieser Bewegung zur Sicherung der Demokratie kann daher auch bei Wahlen wirksam werden, wenn zugleich Bündnisse für die geeigneten Kandidat*innen geschlossen werden. Denn der Kampf um die Demokratie ist erst dann erfolgreich, wenn der AfD in den Wahlen die Macht in den Kommunen und Landtagen verwehrt wird.

4. Es braucht politische Lösungen und nicht Stillstand

Durch die zivilgesellschaftliche Protestbewegung gegen rechts sind die demokratischen Parteien inhaltlich und strategisch herausgefordert worden wie selten zuvor. Denn sie richtet sich gegen rechts *und* gegen die fatale Schwäche der etablierten Parteien im Bundestag gleichermaßen. Wenn die zentralen Themen Rechtsextremismus, Ukrainekrieg, Gazakrieg und die abnehmende Zustimmung zur Politik der Ampelkoalition[24] sind, dann heißt das folgerichtig, dass diese Themen anders oder überhaupt angegangen werden müssen.

Anstelle eines kleinteiligen Streits in ewiger Konkurrenz demokratischer Parteien ist eine Revision ihrer Politik erforderlich, die tatsächlich die Probleme, die Menschen haben, aufgreift und glaubwürdig soziale Lösungen will und umsetzt. Der drastische Verlust des Vertrauens durch ineffizientes Handeln der Exekutive treibt der AfD nach wie vor die Wähler zu.

---

[24] Siehe etwa die Meldung aus dem Tagesspiegel vom 5.2.2024: »Die Koalitionsparteien haben seit der Wahl rund die Hälfte an Zustimmung in der Unter- und Mittelschicht verloren, zeigt eine Studie der Bertelsmann Stiftung. Davon profitiert vor allem die AfD. Die Ampelkoalition hat seit der Bundestagswahl 2021 massiv an Rückhalt in der Unter- und Mittelschicht der Gesellschaft verloren – und wird zunehmend zu einer von gut Gebildeten und Reichen gestützten Regierung. So lassen sich zentrale Ergebnisse einer noch unveröffentlichten Umfrage der Bertelsmann-Stiftung zusammenfassen.« Die Migrationspolitik sei allerdings nur ein Auslöser, Rechtspopulisten zu wählen, erklärte ein Vertreter der Bertelsman-Stiftung, darunter lägen andere, konkrete Probleme, wie beispielsweise der Mangel an bezahlbarem Wohnraum.

Es geht also nicht nur um die Aufdeckung des rechtsextremen und völkischen Charakters der AfD, die ein neonazistisches Politikangebot macht, das zu Gewalt und Bürgerkrieg führt, wenn es umgesetzt wird. Es geht gleichermaßen darum, dass man sich nicht in Lobreden für die Demokraten in der Mitte ergeht, sondern Konsequenzen zieht. Denn die potenziellen AfD-Wähler*innen sind nur zum Teil von dem überzeugt, was die AfD ideologisch ausmacht.

Die Revision der etablierten Politik müsste zielen auf

- eine Finanz- und Wirtschaftspolitik, die vor allem die soziale Schieflage, die sich verschärfende Spaltung in Arm und Reich nachprüfbar angeht, auf Bundesebene ebenso wie vor Ort;
- eine Außenpolitik, die sich neben der Fähigkeit zur Selbstverteidigung auf die Eindämmung von Kriegen im Sinne des Friedensgebotes des Grundgesetzes konzentriert;
- eine Migrationspolitik, die dem Asylrecht entspricht und die tatsächliche oder wahrgenommene Überforderung vor Ort angeht;
- eine Europapolitik, die in der Tradition von Jacques Delors sozial ist, durch kluge Investitionsentscheidungen nicht zuletzt zur ökologischen Transformation aktiv wird, die Migrationspolitik und den internationalen Handel fair organisiert und das europäische Projekt eines europäischen Friedens durch die EU wieder aktiviert.

Wegen der Finanzpolitik der FDP ist es der Ampelkoalition noch weniger als früher möglich, die Schieflagen sozial auszugleichen. Es fehlt an einer staatlichen Stärkung der Investitionsbereitschaft, insgesamt an einer »klugen, expansiven Finanzpolitik, die auf sozialen Ausgleich und die Herausforderungen der Wirtschaft in der Transformation ausgerichtet ist und die durch stärkere öffentliche Investitionen in Bildung, Infrastruktur und Innovation auch eine schnellere wirtschaftliche Erholung möglich macht«, wie sie der DIW-Chef Marcel Fratzscher bereits in der »Zeit« vom 26. Mai 2023 gefordert hat. Auch das ehemalige Mitglied des Sachverständigenrats zur Begutachtung der gesamtwirtschaftlichen Entwicklung, Peter Bofinger, hat unlängst die These vertreten, dass uns die Ampelkoalition in die Krise spart (vgl. Bofinger 2024; siehe insgesamt zu Schuldenbremse auch die Analysen des Instituts für Makroökonomie und Konjunkturforschung der Hans-Böckler-Stiftung).

Hinzu kommen weltweite Wirtschaftsrisiken, die gestiegenen Zinsen, die die Investitionsbereitschaft schwächen und die Gefahr verstärken, dass es auch in den folgenden Jahren nur zu einem schwachen Wachstum kommt, sowie eine Eskalation der Kriege in der Ukraine und im Nahen Osten und die Konflikte mit China. Ein weiteres Ziel sollte sein, klimaneutral zu werden und die Klimakatastrophe einigermaßen perspektivisch anzugehen. Auch dazu werden dringend Investitionen und Finanzmittel benötigt, die bislang allerdings nur für die »Kriegstauglichkeit« reserviert sind.

Angesichts dieser Herausforderungen ist die Schuldenbremse ökonomisch und politisch gefährlich. Sie wird von der FDP und der Haupt-Oppositionspartei verteidigt. Die CDU wie die FDP verweigern damit eine Lösung der immer dramatischer sich auftürmenden ökonomischen, sozialen und damit politischen Misere. Kommt es nicht zu mehr Geld für mehr Investitionen, ist ein Crash nur eine Frage der Zeit und dürfte ein weiteres Erstarken der AfD befördern.

5. Ein anderer Umgang mit Mitgrant*innen und Asylsuchenden

Im Umgang mit Migrant*innen und Menschen, die auf der Flucht vor Hunger, Krieg und Vertreibung sind, hat es in den letzten Monaten einen rechtspopulistischen Run auf die schärfsten Restriktionen gegeben. Dadurch wurden Kernargumente der Rechtspopulisten wie der Rechtsextremen de facto aktiviert. Auch dies hat der Agitation der AfD Auftrieb gegeben. Die breite Demokratiebewegung Anfang 2024 ist auch eine Antwort darauf.

In einem Beitrag von Werner Krause und anderen (»Rechts nur noch die Wand? Strategische Annäherung der Unionsparteien an die AfD« auf: Verfassungsblog, 7. Februar 2023) wird nachgewiesen, dass sich konservative und christdemokratische Parteien in der Tat systematisch nach rechts bewegt haben, wenn radikal rechte Parteien erstarken, darin aber in ihren Wahlergebnissen nicht erfolgreich sind. Zahlreiche wissenschaftliche Studien haben in diesem Zusammenhang gezeigt, dass der Zuspruch für Rechtsaußenparteien wächst, je stärker sich mediale Debatten in den Bereichen der Immigration und Integration bewegen. Wähler*innen ziehen halt das Original der Kopie vor, um Jean-Marie Le Pen zu zitieren. Die vergleichende Analyse aus zwölf westeuropäischen Ländern zeigt, dass nach rechts sich anpassende Strategien die Wahlerfolge rechtsradikaler und rechtspopulistischer Parteien nicht schmälern.

Eine Neuausrichtung der CDU nach rechts wird nicht dazu führen, dass sie Wähler*innen der AfD zurückgewinnt. Mit einem national-konservativen Kurs läuft die Union somit nicht nur Gefahr, keine jüngeren Wähler*innengruppen zu erschließen – sie riskiert auch, moderate Stammwähler an progressive Parteien zu verlieren.

Schließlich verweisen die Autoren auf das verheerende Ergebnis von Nicolas Sarkozy, dessen harte Haltung letztlich Le Pen in den folgenden Jahren, so 2017 und 2022, starke Gewinne einbrachte, während Sarkozys konservative Republikaner an den Rand der politischen Bedeutungslosigkeit gedrängt worden sind. Auch Sebastian Kurz' Erfolg mit seinem Projekt einer neuen Volkspartei mag dies zeigen: Weniger als vier Jahre nach der Ibiza-Affäre um Ex Parteichef Heinz Christian Sprache führt die radikal rechte FPÖ derzeit wieder die österreichischen Umfragen an. Und für Deutschland sei daran erinnert, dass Markus Söder und der damalige Innenminister Horst Seehofer eine Obergrenze für Geflüchtete einforderten und die CSU 2018 eine herbe Niederlage in der Wahl zum bayerischen Landtag erlitt, während der AfD der Einzug in das Landesparlament mit mehr als 10% der Stimmen gelang.

Trotz aller emphatischen Beteuerungen, einen restriktiven Kurs zu fahren und vom »Sozialtourismus«, den »kleinen Paschas« und Migration nur deswegen, weil man »zum Zahnarzt«

wolle (so jeweils der zur rechtspopulistischen Rhetorik mutierte Friedrich Merz), zu schwadronieren, hat dies der CDU über einen langen Zeitraum nichts gebracht, aber die Umfragezahlen für die AfD nach oben getrieben. Die CDU hängt bis auf Weiteres bei 30% und verliert darüber hinaus jüngere, modernere, weibliche sowie urbane Wählerschichten. Trotzdem macht man weiter auf Migrantenbashing.

Es gilt stattdessen, durch kluges Management und faire Verteilung in Europa die gar nicht so dramatischen Migrationsströme besser zu kanalisieren, auch dadurch, dass man den Vorschlag von Gesine Schwan aufnimmt und diejenigen Kommunen auch finanziell von Bund und Land unterstützt, die an der Bewältigung von Migrantenproblemen ein gutes Management betreiben und vor Ort konstruktiv für Regelungen sorgen.

Ähnlich muss sich auch der Umgang mit den in Deutschland längst tätigen Menschen mit Migrationshintergrund ändern. Diese sehen sich durch die Demonstrationen gestärkt und auch verteidigt. Und viele tragen die Vokabel »Remigration« ironisch mit Stolz: Sie sind deutsche Staatsbürger und lassen es sich nicht nehmen! Und da, wo sie nicht anerkannt werden, gilt es, sie öffentlich und vor Ort stärker zu achten, wertzuschätzen und mit ihnen im Alltag solidarisch zu sein.

Eine Initiative erreicht mich von Beate aus München, die zu Recht mit ihren Freundinnen und Freunden dafür eintritt, dass gerade auch Migrant*innen in ganz sensiblen Bereichen unserer Infrastruktur tätig sind und gewürdigt gehören: »Die Personalstruktur in Bereichen wie Krankenhäusern, Pflegeheimen, öffentlicher Nahverkehr, Hotel- und Gaststättengewerbe, Lebensmittelhandel, Paketdienst oder Bäckereien wollen wir stärker transparent und ins öffentliche Bewusstsein bringen. Es geht dabei um vorwiegend systemrelevante Bereiche, in denen Menschen mit Migrationshintergrund teilweise unter prekären Arbeitsbedingungen, (siehe Schlachthöfe und Paketdienst) unsere Gesellschaft tragen. Das ist ein Zeichen von Wertschätzung und Solidarität für die betroffenen Bevölkerungsgruppen und eine wichtige Information für die breite Bevölkerung.«

6. Gegen Kriege und für Diplomatie

Es gibt kaum ein wichtigeres Thema in Verfassung, Geschichte und Politik Deutschlands und Europas als die Sorge um und die Verpflichtung zu einer Friedenspolitik, die diesem Namen gerecht wird. Es sind inzwischen große Mehrheiten, die den Mut zur Diplomatie hinsichtlich des Ukrainekriegs (bei Achtung des Rechts zur Selbstverteidigung) verlangen und noch größere, die sich eine Eindämmung im Gazakrieg wünschen. Es wäre absurd, wenn ausgerechnet eine Partei wie die AfD, die auf die Zerstörung der Demokratie einschließlich der Gefahr von Bürgerkriegen ausgerichtet ist, als diejenige erscheint, die sich für den Frieden in der Ukraine verwendet. Es ist daher demokratiepolitisch überfällig und für Wahlen entscheidend, ernsthafte friedenspolitische Initiativen nicht den Falschen zu überlassen.

Nach einer Umfrage von Forsa von Ende Januar 2024 gehören zu den wichtigsten Themen für die Bevölkerung neben dem Rechtsextremismus der Ukraine- und der Gazakrieg. Auch andere Umfragen wollen inzwischen mehr als zwei Drittel mehr Diplomatie gewagt sehen, um den Krieg um die Ukraine nicht noch weiter auszuweiten, sondern einzudämmen und um zu Verhandlungen über einen Waffenstillstand zu kommen. (Zu den Argumenten, warum Waffenlieferungen Kriege eher verlängern, siehe auch Vollmer u.a. 2024).

Nach über 500.000 Toten und Schwerverletzten in der Ukraine und dem immer weiter getriebenen Zerfall der Infrastruktur ist es mehr als zwei Jahre danach Zeit, innezuhalten und realistisch auf eine Unterbrechung des Kriegs zu zielen.

Inzwischen zeichnet sich eine Radikalisierung der deutschen Position ganz anderer Natur ab. Die Kriegsenthusiasten um Claudia Major, Christian Mölling und Roderich Kiesewetter folgen dem unrealistischen Szenario, dass Europa nach den US-Wahlen die amerikanische Weltmachtposition gegenüber Russland ersetzen, und zwar insbesondere im militärischen Bereich und deswegen alsbald atomar ausgestattet sein müsse. Dies folgt der Annahme einer immerwährenden revisionistisch-imperialistischen

Expansionslust der russischen Führung, vor allem unter Wladimir Putin. Mit dem Angriff auf die Ukraine am 24. Februar 2022 schien der Augenschein auch dafür zu sprechen.

Buchstäblich eine Woche später jedoch – offenkundig nach Korrektur der Fehleinschätzung durch die russische Seite – kam es zu sehr ernsthaften und fast erfolgreichen Gesprächen um einen Verhandlungsfrieden zwischen der Ukraine und Russland, die erst mit dem Besuch von Boris Johnson am 9. April in Kiew auf Geheiß der Briten und der US-Amerikaner und mit Unterstützung der NATO beendet wurden. Zwei Jahre später ist es nicht zu verantworten, auf dem Rücken der Ukraine und ihrer weiteren Zerstörung den Krieg fortzusetzen, statt alles zu tun, um ihn durch einen Waffenstillstand und einen Verhandlungsfrieden zu unterbrechen.

Vor diesem Hintergrund erscheint es geradezu geboten, die Verhandlungsfähigkeit der russischen Seite wenigstens zu *testen* und nicht einem simplen Feindbild zu folgen, das durch eine immer weitere Aufrüstung Russland in die Schranken weisen würde. Es sollte zumindest die Wahrnehmung der Einkreisungsängste der russischen Führung durch die Erweiterung der NATO ernst genommen werden. Im Übrigen: Eine Sicherheit ohne Russland ist schlicht nicht möglich. Man muss die Chance testen, eine erneuerte Sicherheitsordnung mit Russland zu versuchen. Wer das mit Annahmen über den absolut revisionistischen Charakter der russischen Führung schlicht verweigert, handelt ideologisch und kalkuliert Eskalationen ein.

Dieser Krieg ist von keiner der Konfliktparteien zu gewinnen. Er führt nur zu mehr Zerstörungen und zu unermesslichem menschlichen Leid. Das sinnlose Sterben muss ein Ende haben. Jürgen Habermas hatte in der Süddeutschen Zeitung vor einem Jahr aus politisch-moralischen Gründen vor dieser Eskalation gewarnt. Diesem düster apokalyptischen Szenario etwas entgegenzusetzen, hängt von dem politischen Willen der Zuständigen, aber auch der Öffentlichkeit ab. Europa muss den Weg zurück zu einer gesamteuropäischen Friedens- und Sicherheitsordnung finden, auf die sich in der Charta von Paris alle europäischen Staaten sowie die USA und Kanada vertraglich verpflichtet haben.

Nach einer Umfrage der Körber-Stiftung vom November 2023 soll für rund drei Viertel der Befragten und für eine Mehrheit in allen demokratischen Parteien das deutsche Engagement in der Außenpolitik »vorwiegend diplomatischer Natur« sein. Nur 12% setzen auf mehr militärisches und 9% auf mehr finanzielles Engagement, zitierte die FAZ die Befragung. Verhandlungen sollten im primären Interesse der Ukraine und Europas sein, wozu bereits Vorschläge aus dem Globalen Süden unter anderem aus Brasilien, Südafrika und China unterbreitet worden sind. Ein Frieden ist ohnehin nicht gegen, sondern nur mit Russland möglich – denn Russland bleibt allein schon geografisch gesehen unser Nachbar. Deshalb brauchen wir dringend eine Initiative führender europäischer Mächte. Sie sollten unter Einbeziehung von Ländern des Globalen Südens – die ebenfalls ein massives Interesse an der Beendigung des auch ökonomisch desaströsen Kriegs haben – das dritte Jahr dieses Kriegs zu einer neuen Verhandlungsinitiative nutzen. Will man nicht einen permanenten Krieg mit einer immer weiter getriebenen Schwächung und letztlich Zerstörung Europas hinnehmen, ist Verhandeln ohne Alternative (siehe hierzu auch Funke 2023; Schulenburg/Funke/Kujat2023 sowie Schulenburg/Funke 2024).

Noch mehr dürfte dies für die Auseinandersetzung um einen Waffenstillstand und ein Ende des *Gazakrieges* angesichts der sich vertiefenden humanitären Katastrophe in Gaza, der Eskalation in der Westbank sowie an der Nordgrenze Israels gelten. Auch hier droht eine unkontrollierbar werdende Eskalation im gesamten Nahen und mittelöstlichen Raum. Wie aktuell es ist, den Druck auf die israelische Regierung zu erhöhen, den Krieg einzudämmen und zu beenden, zeigt ein Beitrag der israelischen Tageszeitung »Haaretz« vom 17. Januar 2024, nach dem das Interesse an einem lang dauernden Krieg innerhalb der politischen und militärischen Führung Israels sich verselbstständigt hat.[25]

---

[25] »Viele der Entscheidungsträger des Landes scheinen von einer Situation angetan zu sein, in der der Krieg zwischen Israel und der Hamas weitergeht und kein Ende in Sicht ist. Deshalb könnte es für sie von Vorteil sein.

Nach zwei Jahren Krieg um die Ukraine und fünf Monaten um Gaza sind die ökonomischen, weltwirtschaftlichen und politischen Folgen für Deutschland und Europa (wie für die Weltverhältnisse insgesamt im Zuge der Gefahr neuer Weltordnungskriege) katastrophal. Es sollte daher alles getan werden, um eine Eindämmung und Waffenstillstände in diesen Kriegen und schließlich Friedensverhandlungen zu erreichen. Und dies auch, um überhaupt ein ökonomisches Überleben nicht nur der Ukraine, sondern Europas und Deutschlands absehbar zu verteidigen.

›Der Krieg ist zum Ziel geworden‹, sagte mir der ehemalige Direktor des Sicherheitsdienstes Shin Bet, Ami Ayalon, kürzlich in einem Interview mit Haaretz. Diese Aussage erregte in Israel und in der ganzen Welt große Aufmerksamkeit bei rund einer halben Million Lesern und Followern in den sozialen Medien.« In der gleichen Ausgabe von »Haaretz« wird erneut davor gewarnt, dass die Regierung Netanjahus und die radikalen Siedler den nächsten gewaltsamen Aufstand in der Westbank fördern: »Premierminister Benjamin Netanjahu gefährdet lieber Israel als seine Regierung, die sich auf eine rechtsextreme Sehnsucht nach Annexion, jüdischer Vorherrschaft und Krieg stützt. Dies ist die einzige Schlussfolgerung, die aus seiner kriminellen Missachtung der wiederholten Warnungen der israelischen Verteidigungskräfte und des Sicherheitsdienstes Shin Bet gezogen werden kann.« (Übersetzungen aus dem Englischen; vgl auch hajofunke.wordpress.com/2024/01/16/gaza-krieg-ein-zwischenruf-deutschland-macht-sich-klein-sehr-klein/)

Fazit

Die ganz offensichtlich neonazistisch inspirierten Masterpläne der AfD von Björn Höcke, seinem »Flügel« und seine radikalen Epigonen Martin Sellner und Maximilian Krah wollen die »Remigration«, also die Rückführung und Vertreibung von Millionen von Zuwanderern und nicht assimilierten Staatsbürgern. Bei Maximilian Krah summiert sich deren Zahl auf perspektivisch 25 Millionen, davon 15 Millionen deutsche Staatsbürger.

Mehr noch: Das Machtzentrum dieser Partei ist auf eine Zerstörung der Nachkriegsdemokratie und eine völkische, braune Revolution ausgerichtet; sie ist damit – neben der FPÖ in Österreich – die extremste Version der rechtsextremen Parteien in der EU mit einem derartig großen Zulauf. Nicht umsonst hält sich die leicht moderatere rechtsextreme französische Version Marine Le Pens inzwischen von der deutschen Repräsentantin Alice Weidel bei ihrem letzten Treffen in Paris öffentlich fern. Die AfD ist verfassungsfeindlich und geht systematisch gegen die demokratischen und freiheitlichen Errungenschaften der deutschen Nachkriegsdemokratie und dem Gebot der Menschenwürde, der Demokratie und der Rechtsstaatlichkeit vor.

Die seit 1949 breiteste Demokratiebewegung in der Bundesrepublik gegen die Masterpläne seit Mitte Januar 2024 und ihre Verurteilung der AfD wird von mehr als zwei Dritteln der deutschen Bevölkerung getragen. Sie ist Ausdruck dafür, dass die Absicht der AfD, die Demokratie zerstören zu wollen, verstanden worden ist. Die Demokratiebewegung ist indes für die ostdeutschen Bundesländer von besonderer Bedeutung. Das erste Mal seit Langem gibt es gegen die Dominanz der rechtsextremen Alltagskultur, nicht zuletzt in den Ländern Sachsen, Thüringen und Brandenburg den bis dahin breitesten Protest – selbst da, wo es für Bewohner kleiner Orte zu bedrohlichen Konsequenzen kommen mag. Auch dort haben oft mehr als je zuvor demonstriert. Sie zu unterstützen und in lokalen Initiativen und in den kommenden Kommunal-, Landtags- und Bundestagswahlen umzusetzen, ist für die Demokratie und ein angst- und gewaltarmes Zusammenleben existenziell.

Die Demokratiebewegung braucht dazu jedoch ganz andere politische Entscheidungen der zuständigen etablierten Politik in Ländern und Bund. Sie müssten sich darauf richten, die sozialen Schieflagen abzubauen, eine vernünftige nicht durch die Schuldenbremse zum Scheitern verurteilte expansive Wirtschafts- und Investitionspolitik zu betreiben, international auf die Eindämmung der Kriege und eine europäische Friedenspolitik zu setzen und so Effizienz und Glaubwürdigkeit für die Demokratie zurückzugewinnen.

Selbstverständlich sind wir weder im Jahr 1933 noch in den Jahren 1929 oder 1930 während der Weltwirtschaftskrise, auch wenn dies die Absicht der dermaßen radikalisierten rechtsextremen AfD-Führung sein mag. Anders als in der zweiten Hälfte der Weimarer Republik besteht dank einer Bewegung gegen rechts und einer unvergleichlich stärkeren Identifizierung der Bevölkerung mit Parteien jenseits der AfD sowie insgesamt großer Teile der Eliten mit der Demokratie und mit Europa die Chance, in Deutschland die Erosion der Demokratie aufzuhalten.

In Sachsen, Thüringen oder in Brandenburg gilt es 2024, eine Regierungsbeteiligung durch Rechtsextreme zu verhindern. Hier hängt es wesentlich davon ab, ob die neue Demokratiebewegung und die etablierte Politik durch soziale und politische Effizienz die mangelnde Identifizierung mit dem Funktionieren der Demokratie noch verändern kann. Dazu muss aber auch die etablierte Politik anders als bisher für sich und die Demokratie ihre Glaubwürdigkeit zurückgewinnen.

Literatur und ausgewählte Lesetipps

Adorno, Theodor (2019): Aspekte des neuen Rechtsradikalismus. Berlin.

Albright, Madeleine (2018): Faschismus. Eine Warnung. Köln.

Antenne Brandenburg (2024): Drastischer Anstieg rechter Gewalttaten in Brandenburg; www.rbb24.de/panorama/beitrag/2024/03/brandenburg-anstieg-rechter-gewalttaten-opferperspektive-verein.html.

Assheuer, Thomas (1992): Rechtsradikale in Deutschland. Die alte und die neue Rechte. 2. akt. Aufl. München.

Becker, Christoph (2020): Auseinandersetzung mit dem Weltbild und politischen Visionen von Björn Höcke. Eine Buchrezension. Hrsg. vom Zentrum Liberale Moderne, Berlin; gegneranalyse.libmod.de/wp-content/uploads/LibMod_Analyse_Ho%CC%88cke.pdf.

Begrich, David (2024): Ostdeutschland: Was nach den Demos kommen muss. In: Blätter für deutsche und internationale Politik, Heft 3.

Bofinger, Peter (2024): Kranker Mann und dummer Mann? In: Blätter für deutsche und internationale Politik, Heft 3.

Botsch, Gideon/Schulze, Christoph (2023): Stellungnahme Brandenburg. In: Decker/Kiess/Brähler, Autoritäre Dynamiken und die Unzufriedenheit mit der Demokratie, Policy Paper 2 des EFBI.

Brumlik, Micha (2010): Juden, Muslime, Konvertiten – Begründer eines jüdisch-islamischen Dialogs, in: Judaism, Christianity, and Islam in the Course of History: Exchange and Conflicts. Hrsg. von: Lothar Gall und Dietmar Willoweit, München.

Brumlik, Micha (2016): »Das alte Denken der neuen Rechten«, in: Blätter für deutsche und internationale Politik, Heft 3.

Bundesamt für Verfassungsschutz (2022): Zahlen und Fakten; www.verfassungsschutz.de/DE/themen/rechtsextremismus/zahlen-und-fakten/zahlen-und-fakten_node.html.

Decker, Oliver/Brähler, Elmar (Hrsg.) (2018): Flucht ins Autoritäre: Rechtsextreme Dynamiken in der Mitte der Gesellschaft. Gießen.

Decker, Oliver/Brähler, Elmar (Hrsg.) (2020): Autoritäre Dynamiken. Neue Radikalität – alte Ressentiments. Leipziger Autoritarismus Studie. Gießen.

Decker, Oliver/Kiess, Johannes/Heller, Ayline/Brähler, Elmar (2022): Autoritäre Dynamiken in unsicheren Zeiten. Neue Herausforderungen - alte Reaktionen? Leipziger Autoritarismus Studie 2022. Gießen

Decker, Oliver/Kalkstein, Fiona/Kiess, Johannes (Hrsg.) (2023): Demokratie in Sachsen. Jahrbuch des Else-Frenkel-Brunswik-Instituts für 2022. Leipzig.

Decker, Oliver/Kiess, Johannes/Brähler, Elmar (2023): Autoritäre Dynamiken und die Unzufriedenheit mit der Demokratie: Die rechtsextreme Einstellung in den ostdeutschen Bundesländern: Policy Paper 2 des Else Frenkel-Brunswik Institut (EFBI) für Demokratieforschung in Sachsen an der Universität Leipzig.

Der rechte Rand. Das antifaschistische Magazin (Hrsg.) (2020): Das IfS. Faschist*innen des 21. Jahrhunderts. Einblicke in 20 Jahre »Institut für Staatspolitik«. Hamburg.

Detering, Heinrich (2019): Was heißt hier »wir«? Zur Rhetorik der parlamentarischen Rechten. Stuttgart.

Detje, Richard (2024): Wendemarke der Berliner Republik. Massenproteste gegen Rechtsextremismus – und ein möglicher Coup der AfD, in: Sozialismus.de. Heft 2.

Dilling, Marius/Decker, Oliver/Kiess, Johannes (2023). Der Sachsen-Monitor 2021/2022. In: Decker/Kalkstein/Kiess (Hrsg.), Demokratie in Sachsen. Leipzig.

Dilling, Marius/Kiess, Johannes (2021): Die Landtagswahlen 2019 in Sachsen im Kontext der Sozial-, Wirtschafts- und Infrastruktur auf Gemeindeebene. EFBI Policy Paper 2021-3, Leipzig.

Dröscher, Daniela (2020): Empathie als politische Kraft, Zeit online vom 3.4.

EFBI (2021: Policy Paper #3: Sozial-, Wirtschafts- und Infrastruktur und Parteipräferenz hängen zusammen. 29.7. Leipzig.

Frankenberg, Günter (2020): Autoritarismus. Berlin.

Funke, Hajo (2002): Paranoia und Politik. Berlin.

Funke, Hajo (2015): Staatsaffäre NSU. Münster.

Funke, Hajo (2017): Sicherheitsrisiko Verfassungsschutz. Hamburg.

Funke, Hajo (2019): Der Kampf um die Erinnerung. Hitlers Erlösungswahn und seine Opfer. Hamburg.

Funke, Hajo (2020a): Armin Mohler, in: Fücks, Ralf/Becker, Christoph (Hrsg.): Das alte Denken der neuen Rechten. Frankfurt a.M.

Funke, Hajo (2020b): Trumps Mobilmachung – Faschistoide Gefahr für die Demokratie?, Sozialismus.de. Heft 11.

Funke, Hajo (2023): Ukraine – Verhandeln ist der einzige Weg zum Frieden. Berlin.

Funke, Hajo/Mudra, Christiane (2018): Gäriger Haufen. Hamburg.

Gauland, Alexander (2016): »Wir können uns nicht von Kinderaugen erpressen lassen«, ZeitMagazin vom 24.2.; www.zeit.de/politik/deutschland/2016-02/alexander-gauland-afd-fluechtlingskrise-fluechtlingspolitik-grenzen das Dritte Reich. Hoppenstedt.

Habermas, Jürgen (2020): Moralischer Universalismus in Zeiten politischer Regression, in Leviathan 1.

Heim, Susanne/Herbert, Ulrich/Hollmann, Michael u.a. (2011): Die Verfolgung und Ermordung der europäischen Juden durch das nationalsozialistische Deutschland 1933-45, Bd. 7: Sowjetunion mit annektierten Gebieten I. München.

Höcke, Björn/Hennig, Sebastian (2018): Nie zweimal in denselben Fluss. Björn Höcke im Gespräch mit Sebastian Hennig. Lüdinghausen/Berlin.

Kaiser, Benedikt (2020): Solidarischer Patriotismus. Die soziale Frage von rechts. Steigra.

Kemper, Andreas (2016): »... Die neurotische Phase überwinden, in der wir uns seit siebzig Jahren befinden«. Zur Differenz von Konservativismus und Faschismus am Beispiel der »historischen Mission« Björn Höckes (AfD). Rosa-Luxemburg-Stiftung Thüringen; th.rosalux.de/fileadmin/ls_thueringen/dokumente/publikationen/RLS-HeftMissionHoecke-Feb16.pdf.

Kiess, Johannes/Kalkstein, Fiona/Decker, Oliver (2023): Stellungnahme Sachsen. In: Decker/Kiess/Brähler, Autoritäre Dynamiken und die Unzufriedenheit mit der Demokratie, Policy Paper 2 des EFBI.

Kopke, Christoph (2019): »Vom Nutzen und Nachteil einer Theorie des Extremismus«, in: Fachtagsdokumentation der AG Kirche für Demokratie und Menschenrechte, Chemnitz, 10.4.; www.eeb-sachsen.de/assets/files/service_download/dokumentatio-nen/Doku_Fachtag_Naechstenliebe_2019_Chemnitz.pdf.

Kopke, Christoph/Rensmann, Lars (2000): Die Extremismusformel, in: Blätter für deutsche und internationale Politik, Heft 12.

Krah, Maximilian (2023): Politik von rechts. Ein Manifest. Schnellroda.

Laabs, Dirk (2012): Der deutsche Goldrausch. Die wahre Geschichte der Treuhand. München.

Leggewie, Claus (1987): Der Geist steht rechts. Ausflüge in die Denkfabriken der Wende. Berlin.

Longerich, Peter (1998): Die Politik der Vernichtung. Eine Gesamtdarstellung der nationalsozialistischen Judenverfolgung. München.

Lucke, Albrecht von (2019): »Der Osten steht auf«: Die AfD als Führerpartei, in: Blätter für deutsche und internationale Politik, Heft 8.

Mensch, Matthias (2019): Deutschland rechts außen. München.

MMZ – Moses Mendelssohn Zentrum für europäische-jüdische Studien in Potsdam (2023): Wer wählt rechts außen? Strukturelle

Erfolgsbedingungen der AfD bei Bundes- und Landtagswahlen in Brandenburg; www.mmz-potsdam.de/forschung/emil-julius-gumbel-forschungsstelle/mitteilungen/wer-waehlt-rechtsaussen-strukturelle-erfolgsbedingungen-der-afd.

Moeller van den Bruck, Arthur (1923): Das dritte Reich. Toppenstedt.

Mohler, Armin (1989): Die Konservative Revolution in Deutschland 1918–1932. Ein Handbuch. Dritte, um einen Ergänzungsband erweiterte Auflage. Darmstadt.

Mohler, Armin (1990): Liberalenbeschimpfung. Sex und Politik. Der faschistische Stil. Gegen die Liberalen. Drei politische Traktate. Essen.

Neumann, Franz (1986): Demokratischer und autoritärer Staat. Frankfurt a.M.

Quent, Matthias (2019): Deutschland rechts außen. München.

Reimer-Gordinskaya, Katrin /Quent, Matthias/Petersen, Helge/Hoffmann, Raphael (2023): Stellungnahme Sachsen-Anhalt. In: Decker/Kiess/Brähler, Autoritäre Dynamiken und die Unzufriedenheit mit der Demokratie, Policy Paper 2 des EFBI.

Salheiser, Axel (2016): Einstellungen der Thüringer Bevölkerung, in: Quent, Matthias/Schmidtke, Franziska/Salheiser, Axel (Hrsg.) Gefährdung der demokratischen Kultur in Thüringen. Kompetenzzentrum Rechtsextremismus, Friedrich-Schiller-Universität Jena. Januar; www.denkbunt-thueringen.de/wp-content/uploads/2016/02/Gef%C3%A4hrdungsanalyse.pdf.

Salheiser, Axel (2023): Stellungnahme Thüringen. In: Decker/Kiess/Brähler, Autoritäre Dynamiken und die Unzufriedenheit mit der Demokratie, Policy Paper 2 des EFBI.

Sarrazin, Thilo (2010): Deutschland schafft sich ab. München.

Schulenburg, Michael von der/Funke, Hajo (2024): Die USA ziehen sich aus der Ukraine zurück: Was soll die EU nun machen?, in: Berliner Zeitung vom 21.3.

Schulenburg, Michael von der/Funke, Hajo/Kujat, Harald (2023): Wie die Chance für eine Friedensregelung vertan wurde. in: Berliner Zeitung vom 19.11.

Sellner, Martin/Spatz, Walter (2015): Gelassen in den Widerstand. Streiga.

Vinke, Hermann (2021): »Ein Volk steht auf – und geht zum Arbeitsamt«. Staatsholding Treuhand als Fehlkonstruktion – die Sicht von Betroffenen. Hamburg.

Viotto, Regina (2024): Green New Deal: Gegen das soziale Vakuum der EU, in: Blätter für deutsche und internationale Politik, Heft 2.

Vollmer, Antje u.a. (2024): Den Krieg verlernen. Zum Vermächtnis einer Pazifistin | Eine Flugschrift. Mit weiteren Beiträgen von Alexan-

der Rahr, Daniela Dahn, Dieter Klein, Gabi Zimmer, Hans-Eckardt Wenzel, Ingo Schulze, Johann Vollmer, Marco Bülow, Michael Brie und Peter Brandt. Hamburg.
Wölk, Volkmar (2020): Auf den Spuren des Hufeisens. Marginalien zu einem Theoriekonstrukt, 2.3.; www.sozialkritik.org/aktuelle-beitraege/auf-den-spuren-des-hufeisens/.
Zick, Andreas/Küpper, Beate/Krause, Daniela (2016): Gespaltene Mitte – Feindselige Zustände. Bonn.
Zick, Andreas/Küpper, Beate/Mokros, Nico (2023): Die distanzierte Mitte. Bonn.
Zobel, Franz (2023): Höchststand rechter und rassistischer Gewalt in Thüringen 2022. In: ezra/MOBIT/KomRex/IDZ/(Hrsg.), Thüringer Zustände. Rechtsextremismus und gruppenbezogene Menschenfeindlichkeit im Freistaat Thüringen. Fakten und Analysen 2022; www.idz-jena.de/fileadmin/user_upload/Publikationen/Th%C3%BCringer_Zust%C3%A4nde_2022.pdf.